„Mit der Antike in die Zukunft: Der Limes auf dem Weg zum Weltkulturerbe“

Dokumentation des gleichnamigen
Symposiums vom 30. Oktober 2004 im Rahmen
der „Taunus-Dialoge“

SOCIETÄTS**VERLAG**

Mit der Antike in die Zukunft:

Der Limes auf dem Weg zum Weltkulturerbe

Dokumentation des gleichnamigen Symposiums

Verantwortlich: Landrat Jürgen Banzer und Egon Schallmayer
Redaktion Fachbereich Kultur: Rainer Hein und Cornelia Kalinowski
kultur@hochtaunuskreis.de

Verlag: Societäts-Verlag, Frankfurt am Main
Frankfurter Societäts-Druckerei GmbH
Satz: Tijana Veljovic, Societäts-Verlag, Frankfurt am Main
Druck: Verlagsservice W. Niederland, Königstein
Umschlaggestaltung: Gerhard Preuß Layout und Grafik, Usingen
ISBN 3-7973-0940-6 (Taunus-Dialoge des Hochtaunus-Kreises)
ISBN 3-931267-06-7 (Saalburg-Schriften, H. 7, 2005)
Printed in Germany 2005
Zu beziehen über den Buchhandel und den Bürger-Informations-Service (BIS) im Landratsamt, Ludwig-Erhard-Anlage 1–4, 61352 Bad Homburg, Haus 3, Erdgeschoss, und über Römerkastel Saalburg Bad Homburg v.d.H.

Inhaltsverzeichnis

Podiumsdiskussion

Weitere Beiträge

Vorwort

Im März des Jahres 2000 begannen die vier Bundesländer Baden-Württemberg, Bayern, Hessen und Rheinland-Pfalz ein gemeinsames Projekt, um die Aufnahme des Limes in die Welterbeliste der UNESCO zu beantragen. Nach der umfassenden Neuaufnahme der Überreste des einstigen römischen Grenzsystems, der Erarbeitung eines umfangreichen Kartenwerks samt Beschreibungsteil sowie dem Entwurf eines so genannten Managementplanes liegt der Antrag inzwischen bei der Welterbestelle in Paris vor. Mittlerweile hat auch der Besuch eines Gutachters stattgefunden, der sich über den Zustand der römischen Reichsgrenze auf dem Boden des heutigen Deutschlands und insbesondere auch über die denkmalpflegerischen, musealen und touristischen Voraussetzungen und zukünftigen Maßnahmen ein Bild machen konnte. Die Entscheidung, ob der Obergermanisch-Raetische Limes zu einem Teil des Welterbes der Menschheit ernannt wird, fällt im Juli 2005 bei einer Sitzung des Welterbekomitees in Durban, Südafrika.

Bereits im Vorfeld der Antragstellung und der Entscheidung hat sich das öffentliche Interesse an der durch den Limes veranschaulichten römischen Geschichte und Archäologie in unserem Land beträchtlich verstärkt. Vor allem die beteiligten Bundesländer, aber auch die angrenzenden Städte, Kreise und Gemeinden fühlen sich verpflichtet, das größte Bodendenkmal auf deutschem Boden und seine Sehenswürdigkeiten zu erhalten, die vorhandenen Anlagen wiederherzustellen und zu pflegen sowie vor allem seine inhaltliche Vermittlung an ein breites Publikum in musealer und infrastruktureller Hinsicht zu erreichen. Nicht zuletzt spielt auch der touristische Aspekt eine gewichtige Rolle, lässt sich mit der Anerkennung der einstigen römischen Grenze als Welterbe der Menschheit doch auch in regional- und strukturpolitischer, d. h. in ökonomischer Hinsicht Nutzen stiften.

Mitarbeiter der hessischen Landesarchäologie erarbeiten zurzeit einen Limesentwicklungsplan, der zum Ziel hat, die zukünftig am hessischen Streckenabschnitt vorgesehenen denkmalpflegerischen, wissenschaftlichen, vermittlungsmäßig-musealen und touristischen Maßnahmen zu beschreiben. Ziel ist es, eine Handreichung für die am hessischen Limes gelegenen Anrainerkreise, -städte und -gemeinden zu erarbeiten, mittels der die Einzelmaßnahmen aufeinander abgestimmt werden können. Dabei steht die Bewahrung und Aufwertung des vielfältigen Erscheinungsbildes, das die Überreste des Limes in unserem Land bieten, im Vordergrund.

Bereits seit einigen Jahren bemüht sich das Saalburgmuseum in Zusammenarbeit mit dem Hochtaunuskreis und dem Naturpark Hochtaunus um die Einrichtung eines Limeserlebnispfades Hochtaunus, der über eine Strecke von annähernd 30 Kilometern von Glashütten bis Ober-Mörlen führt. Hier werden die im Besitz des Landes befindlichen Kastelle Kleiner Feldberg, Saalburg und Kapersburg durch finanzielle Mittel des Landes hergerichtet. Im Falle der Saalburg erfolgt dabei der Ausbau zum Archäologischen Park.

Die entlang der Strecke gelegenen Kleinkastelle, Wachttürme und interessanten Abschnitte werden durch die verbesserte Wegeführung zugänglich gemacht und mittels Informationsmodulen dem Wanderer und Besucher der Limesstrecke näher gebracht werden.

Der Hochtaunuskreis sieht sich bei den geplanten Maßnahmen besonders in die Pflicht genommen und hat deshalb bereits Maßnahmen ergriffen, die Limesstrecke auf den Höhen des Mittelgebirges herzurichten, besser erfahrbar zu machen und den Menschen in einer verständlichen Form zu vermitteln. Dazu dient einerseits die Ausstellung „Der Limes auf dem Weg zum Weltkulturerbe“, die in Zusammenarbeit mit dem Saalburgmuseum als Wanderausstellung konzipiert wurde und in den Schulen des Landkreises gezeigt wird. Dazu dient weiterhin eine von den beiden Partnern zusammen mit dem Wetteraukreis herausgegebene Wanderkarte zum Limeserlebnispfad.

Schließlich sollte auch mit einem Symposium zum Thema „Mit der Antike in die Zukunft: Der Limes auf dem Weg zum Weltkulturerbe“, das am 30. Oktober 2004 in der Exerzierhalle des Saalburgmuseums stattfand, eine möglichst breite Information der interessierten Öffentlichkeit erfolgen. Die Vorträge des Vormittags konzentrierten sich auf Erfahrungen, die andernorts mit bereits ernannten Welterbestätten gesammelt wurden. Am Nachmittag vertiefte eine Gesprächsrunde die Frage, welche Chancen und Risiken mit einer solchen Auszeichnung für die Region verbunden sein können.

Die vorliegende Schrift dokumentiert das Symposium, das als erste Veranstaltung der Reihe „Taunus-Dialoge“ gemeinsam vom Hochtaunuskreis und der Hessischen Landeszentrale für politische Bildung in Zusammenarbeit mit dem Römerkastell Saalburg veranstaltet und vom Hessischen Staatsminister für Wissenschaft und Kunst, Udo Corts, eröffnet wurde. Die dokumentierten Beiträge folgen dem Veranstaltungsverlauf. Sämtliche Grußworte, die Vorträge des Vormittags sowie die Podiumsdiskussion am Nachmittag wurden aufgezeichnet und von den Referenten und Gesprächsteilnehmern anschließend für den Druck leicht überarbeitet. Ergänzt wird die Dokumentation durch Beiträge von Andreas Thiel, Thomas Richter, Karl-Heinz Weinert und Egon Schallmayer, die für das Jahrbuch des Hochtaunuskreises 2005 verfasst wurden, sowie dem Vortrag des Letztgenannten „Der römische Limes: Grenzschutz zu Germanien und Gallien“, den er anlässlich der Feier des 30-jährigen Bestehens des Rotary Clubs Bad Homburg-Schloss im November 2004 gehalten hat.

Allen Beteiligten des Symposiums sowie den Autoren des Bandes sei ein herzliches Wort des Dankes gesagt. Wir hoffen, dass mit der vorliegenden Schrift ein weiterer Beitrag zur Information und Weckung des Interesses am Limes, der römischen Reichsgrenze zu Germanien hin, geleistet werden kann.

Jürgen Banzer,
Landrat des Hochtaunuskreises
Egon Schallmayer, Landesarchäologe/Saalburgdirektor

Udo Corts
Hessischer Staatsminister für Wissenschaft und Kunst

Ich danke den drei Veranstaltern dieses Symposiums, dem Landkreis Hochtaunus, der Landeszentrale für politische Bildung und dem Saalburgmuseum. Sie alle hatten eine ganz hervorragende Idee: Sie wollen Menschen zusammenführen, die sich für das Welterbe der UNESCO – speziell für die Aufnahme des „Obergermanisch-Raetischen Limes" in das Welterbe interessieren.

Der Taunus bildet mit dem Limeserlebnispfad und dem Archäologischen Park Saalburg das sichtbarste Element des Obergermanisch-Raetischen Limes in Hessen. Die archäologischen Zeugnisse der ehemaligen römischen Grenze zählen längst zu den kulturellen Leuchttürmen der Region um Frankfurt. Sie sind eine herausragende touristische Attraktion des Rhein-Main-Gebietes.

Zum Stand des Antragsverfahrens beim Welterbekomitee der UNESCO erfahren wir heute im Laufe der Veranstaltung wohl noch Näheres. Fest steht allerdings, dass eine definitive Entscheidung über eine Aufnahme erst im Sommer 2005 fallen wird, wenn die nächste reguläre Sitzung des Welterbekomitees ansteht. Wir alle warten mit Spannung darauf. Ihre Veranstaltung, ebenso wie zahlreiche andere Aktivitäten im Umfeld der erwarteten Eintragung als Welterbe zeigen aber, mit welch großem Interesse die Region, Deutschland und – das trifft ganz besonders für diesen Antrag zu – auch die internationale Öffentlichkeit das Verfahren beachtet.

Udo Corts

Denn dieser Antrag ist unter zahlreichen Aspekten außergewöhnlich:

Auf regionaler Ebene sind nämlich schon viele Menschen aktiv geworden. Dazu zählt das heutige Symposium ebenso wie der „Limesentwicklungsplan", der in Zusammenarbeit des Landesamtes für Denkmalpflege Hessen mit den Anliegergemeinden entstanden ist: Denn ein Welterbe will nicht nur eingetragen sein, es braucht anschließend auch angemessene Formen der Pflege und des Umgangs. Auf ein solches Welterbe schauen eben nicht nur die unmittelbaren Anlieger – sondern die ganze Welt.

Was es heißt, ein „Welterbe" zu verwalten, und welche Konsequenzen der leichtfertige Umgang mit ihm nach sich ziehen kann, das sehen wir zurzeit in

Köln: Vor einigen Wochen setzte das Welterbekomitee den Kölner Dom auf die „Rote Liste“ der gefährdeten Welterbestätten. In Köln sind die denkmalpflegerischen Ansprüche des Welterbekomitees und die Vorstellungen der Stadtplaner aneinander geraten.

Um eine vergleichbare Entwicklung für den Limes schon im Vorfeld zu verhindern, ist in Hessen der Limesentwicklungsplan entstanden.

Und auch das Land Hessen ist aktiv geworden. Die gemeinsame Initiative der vier Bundesländer, durch die der Obergermanisch-Raetische Limes verläuft, ging von Hessen aus und wurde von den anderen Ländern engagiert aufgegriffen. In konsequenter Fortsetzung der Idee wurde auch eine gemeinsame Limeskommission eingerichtet, die Ländergrenzen übergreifend die Belange dieses längsten deutschen Kulturdenkmals wahrnimmt.

Schließlich ist auch die Bundesrepublik Deutschland aktiv geworden – und das nicht nur formal, weil eben die Bundesrepublik die diplomatische Vertretung bei der UNESCO unterhält und deshalb diesen aus Deutschland stammenden Antrag überreicht hat. Aufgrund der Kulturhoheit der Länder hat die Bundesrepublik Deutschland bei einem solchen Antrag praktisch keine inhaltlichen Mitwirkungsmöglichkeiten. Aber Deutschland hat durch seine Anregung, die archäologisch fassbaren Überreste des Limes insgesamt zum Weltkulturerbe zu entwickeln, einen wichtigen Anstoß gegeben.

Denn auf diesen Anstoß hin ist schließlich Europa einbezogen worden. Großbritannien, das als einziges Land bereits einen Abschnitt der römischen Reichsgrenze mit Welterbestatus besitzt, den Hadrianswall im Norden Englands, erklärte sich bereit, diesen Teil des Limes als erstes Element in ein Welterbe „Römische Reichsgrenze“ einzubringen.

Hiermit wird nun zum ersten Mal ein nicht nur bi-nationales, sondern ein multi-nationales Welterbe angegangen, es könnte gar ein multi-kontinentales Welterbe werden. Die römische Reichsgrenze verlief ja nicht nur durch Europa, sondern setzte sich über Vorderasien und Afrika bis an den Atlantik fort. Die Perspektiven sind also ganz enorm. Die Zeiträume, die deren Realisierung erfordert, sind es allerdings auch. So freuen wir uns zunächst einmal, wenn es klappt, unseren Obergermanisch-Raetischen Limes von der UNESCO anerkannt zu bekommen. Vor dem nächsten Sommer werden wir keine Gewissheit haben. Es bleibt spannend.

Ich möchte die Gelegenheit wahrnehmen und Herrn Professor Schallmayer mit seinem Team für sein Engagement loben. Am Beispiel der Saalburg können wir sehen, wie es gelingen kann, ein Denkmal für die Menschen zu öffnen, Geschichte wirklich populär aufzuzeigen und scheinbar trockene Fakten zu vermitteln. So interessieren wir ein breites Publikum für die Zeugnisse der Vergangenheit in unserem Bundesland und schaffen das notwendige Verständnis für deren Erhalt.

Jürgen Banzer
Landrat und Kulturdezernent des Hochtaunuskreises

Es ist für mich ein besonderes Vergnügen, als Landrat des Hochtaunuskreises zusammen mit Herrn Staatsminister Corts, Herrn Dr. Heidenreich als Direktor der Hessischen Landeszentrale für politische Bildung und Herrn Prof. Dr. Schallmayer als Direktor des Saalburgmuseums dieses Symposium zu eröffnen.

„Mit der Antike in die Zukunft: Der Limes auf dem Weg zum Weltkulturerbe" stellt die Auftaktveranstaltung der *„Taunus-Dialoge"* dar, mit denen sich der Hochtaunuskreis und die Hessische Landeszentrale für politische Bildung erstmals gemeinsam an das politisch und historisch interessierte Publikum unserer Region wenden. Unsere Absicht ist, die politische Bildungsarbeit zu fördern und die historische Forschung fruchtbar zu machen für die aktuelle gesellschaftliche und politische Debatte.

Die Wahl des ersten Veranstaltungstitels ist uns nicht schwer gefallen mit Blick auf das Jahr 2005, in dem die UNESCO über den Antrag der Bundesrepublik Deutschland befinden will, den Obergermanisch-Raetischen Limes in die Liste der Weltkulturerbe aufzunehmen. Das Römerkastell Saalburg ist seit Jahren ein Besuchermagnet im Taunus, und mit dem Limeserlebnispfad durchzieht einer der am besten erhaltenen Abschnitte dieses Bodendenkmals unseren Landkreis. Wir sahen uns daher in der Pflicht, einen Beitrag zum Erfolg dieser Bemühungen zu leisten, indem wir dabei helfen, die Öffentlichkeit über die Chancen und Möglichkeiten zu informieren, die mit dem Titel Weltkulturerbe verbunden sind.

Jürgen Banzer

Das Rhein-Main-Gebiet gilt als eine der wichtigen Wirtschaftsregionen Europas. Der Hochtaunuskreis trägt zur Wirtschaftskraft nicht unwesentlich bei, zählt er doch zu den zwanzig attraktivsten Wirtschaftsstandorten Deutschlands. Es gibt also harte ökonomische Faktoren, die für uns sprechen. Gleichwohl weiß ich, dass unsere modernen und globalisierten Wirtschaftsstrukturen zunehmend an Identität stiftender Kraft verlieren. Die Zeiten, zu denen sich rund um die großen Arbeitsstätten in unserem Land ein sozialer und kultureller Raum bildete, der den Menschen ein Zugehörigkeitsgefühl verlieh und damit Identität und Wert, gehören weitgehend der Vergangenheit an. Solche sinnstiftenden Strukturen gehen immer mehr verloren, die Krise Opels und der Autostadt Rüsselsheim zeigt uns dies auf drastische Weise.

Für das Selbstverständnis einer Region wie der Taunus und eines Landkreises wie der unsere sind diese Entwicklungen keineswegs unerheblich. Der Reiz unserer Städte besteht, wie wir aus Umfragen wissen, für die Gäste und Besucher zum überwiegenden Teil aus den Fachwerkkulissen, aus den historischen Altstadtkernen und damit aus der geschichtlichen Kontinuität, die Städte wie Kronberg, Bad Homburg oder Usingen verkörpern. Der Taunus wird von den rund 18 Millionen Menschen, die jedes Jahr den Naturpark Hochtaunus aufsuchen, als ein einheitlicher und reizvoller Natur- und Kulturraum wahrgenommen. Es ist interessant zu sehen, dass es diese Aspekte sind – die Schönheit der Mittelgebirgslandschaft, die zahlreichen Bau- und Bodendenkmäler und die dichte kulturelle Infrastruktur –, die uns Profil und Charakter geben und unterscheidbar machen von anderen Subregionen und touristischen Destinationen im Rhein-Main-Gebiet und in Hessen.

Mit dem Limes, den Resten keltischer Kultur wie den Ringwällen auf dem Altkönig oder dem Heidetränk-Oppidum bei Oberursel, erdgeschichtlichen Monumenten, zahlreichen Burgen und Schlössern, gartenarchitektonisch bedeutsamen Kuranlagen und Schlossgärten ist dem Naturpark Hochtaunus der Charakter einer Kulturlandschaft zugewachsen, ja eines archäologischen Kulturparks, der die Begegnung mit der Geschichte am Originalschauplatz erlaubt. Die Pflege des Landschaftsbildes und die Erschließung dieses regionalen kulturellen Erbes sind daher für uns nicht nur politischer Auftrag, sondern Teil einer kulturtouristischen Marketingstrategie. Der Taunus als Natur- und Kulturraum bietet sich an, Bildung und Erholung miteinander zu verbinden. Wie dies pädagogisch und wissenschaftlich verantwortungsbewusst und zugleich erfolgreich geschehen kann, hat das Saalburgmuseum in den vergangenen Jahren auf eindrucksvolle Weise gezeigt. Entlang des Limeserlebnispfades wollen wir diese Angebote, die sich insbesondere an Kinder und Jugendliche richten, fortführen und zeigen, dass der Begriff „Eventkultur“ auch positiv im Sinne von moderner Bildungsarbeit verstanden werden kann.

Den Blick auf die Vergangenheit, um dort Maßstäbe und Ressourcen für die Gestaltung der Zukunft zu finden, halte ich für ein spannendes und gesellschaftlich aktuelles Unternehmen. „Mit der Antike in die Zukunft“ ist im Taunus keine Sprachfloskel. Schon die Diskussion um das Weltkulturerbe Limes stellt – unabhängig vom Ausgang des Votums der UNESCO – für uns eine Chance dar, auf den kulturellen Reichtum unserer Region aufmerksam zu machen, die sich nicht allein über Wirtschaftsdaten definiert, sondern auch – und hier im Taunus im besonderen Maße – über ihren Wohn- und Lebenswert.

Für die Lebensqualität in unserem Landstrich gilt der Satz: „Geschichtslos ist gesichtslos.“

Dr. Bernd Heidenreich
Direktor der Hessischen Landeszentrale für politische Bildung

Dr. Bernd Heidenreich

Für die Hessische Landeszentrale für politische Bildung begrüße ich Sie alle sehr herzlich zu dem Symposium: „Mit der Antike in die Zukunft: Der Limes auf dem Weg zum Weltkulturerbe".

Sehr gerne unterstützen wir die Initiative des Hochtaunuskreises, mit einer eigenen Veranstaltungsreihe zum Dialog der Kulturschaffenden beizutragen und damit zugleich auf den einzigartigen Charakter der Kulturlandschaft Taunus und die geschichtlichen Ursprünge der Region aufmerksam zu machen.

Politische Bildung ist dabei in besonderer Weise gefordert, denn es gehört zu ihren Kernaufgaben, bei Bürgerinnen und Bürgern ein vertiefendes Verständnis für die politische Kultur und die historischen Wurzeln unseres Bundeslandes zu wecken. Dieser historische Bildungsauftrag ist heute wichtiger denn je, denn in einer von Modernisierungsschüben geschüttelten Welt, in der die Wandlungsbeschleunigung immer neue Rekorde erreicht, in einer immer stärker multikulturellen Gesellschaft, in der Migration Menschen aus unterschiedlichen Kulturen und religiösen Traditionen zusammenführt, bedürfen wir alle der Kompensation durch historische Selbstvergewisserung.

Immer mehr Menschen fragen daher nach der Geschichte der Region, in der sie leben und arbeiten, um daraus Orientierung für die Gegenwart und sichereren Boden für die Zukunft zu gewinnen. Die *Taunus-Dialoge* können auf solche Fragen Antworten versuchen. Deshalb wünsche ich mir, dass sie zu einem festen Bestandteil des kulturellen Angebotes im Hochtaunuskreis werden. Wenn der erste *Taunus-Dialog* den Limes als europäisches Kulturerbe von Weltrang unter das Motto „Mit der Antike in die Zukunft" stellt, so ist damit ein Thema angeschnitten, das weit über die Pflege hessischer Regionalkultur hinausweist.

Dies ermutigt mich zu einigen grundsätzlichen Bemerkungen über unseren Umgang mit der Antike:

Die europäische Zivilisation beruht auf zwei Säulen: dem Erbe der griechisch-römischen Antike, wie es uns aus den schriftlichen Quellen von Platon bis Augustinus entgegentritt und noch aus den Überresten der Architektur und Ingenieurkunst zu uns spricht, sowie der Welt des jüdischen Geistes und christlichen

Glaubens, die in der Bibel, dem Buch der Bücher, ihr eindrucksvollstes Zeugnis gefunden hat.

Beide haben unser Bild von der Freiheit und Würde des Menschen, von seiner Vernunftbegabung und Selbstbestimmung geprägt und Eingang in die Verfassungen der europäischen Demokratien gefunden. Auf ihnen beruhen die europäischen Grundwerte Freiheit, Wahrheit, Vernunft und Gerechtigkeit. Sie haben auch unsere Vorstellungen vom Staat und seinen Einrichtungen bestimmt. Denn Politik kommt schließlich von „POLIS", dem griechischen Stadtstaat, Demokratie leitet sich ab von der Herrschaft des „DEMOS", das heißt also des Volkes, und unser Ideal von öffentlicher Ordnung, vom Gemeinwesen also, wurzelt in der Idee von der öffentlichen Sache aller, der römischen „res publica".

Antike, Judentum und Christentum haben die Fundamente unserer politischen Kultur geschaffen. In ihnen haben sich die Werte ausgebildet, auf die wir uns beziehen, ja sie haben die Identität der europäischen Demokratien begründet.

Doch wie gehen wir mit diesem Erbe um?

Der Verzicht auf den Gottesbezug in der europäischen Verfassung ist bereits ein Indiz, wie weit das Bewusstsein von unserer Herkunft und kulturellen Identität schon geschwunden ist.

Der bedrohliche Rückgang des Unterrichtsfachs Latein verschließt immer mehr Schülerinnen und Schülern den Zugang zur antiken Überlieferung, weil vielen von uns Kommunikationsfähigkeit und Spezialwissen wichtiger erscheinen als Denkfähigkeit und kulturelle Kompetenz. Nicht nur die Porta Nigra und die Saalburg, auch die Kirchen und Dome in unseren Städten sind vielen unserer Kinder inzwischen so fern wie die Tempel der Inka.

Europa rückt in Politik und Wirtschaft immer enger zusammen, aber die Distanz zu seinem humanen Erbe wird immer größer.

Wer immer als Politiker und Pädagoge den Werteverlust unserer Gesellschaft beklagt, sollte sich klar machen, dass Werte nicht im Reagenzglas gedeihen, sondern nur dort wachsen können, wo man sich ihrer Ursprünge und Fundamente bewusst bleibt.

Die Antike und die römische Provinzialkultur gehören dazu. Deshalb ist die großartige Arbeit des Archäologischen Parks Saalburg so wichtig: Denn hier auf der Saalburg haben Egon Schallmayer und sein Team in den letzten Jahren bewiesen, dass man mit attraktiven Ideen, mit echtem Engagement und mit einer modernen Museumspädagogik Jugendliche, Erwachsene und ganze Familien auch in schwieriger Zeit für die Antike und die römische Geschichte begeistern kann.

Deshalb wollen wir mit dem Thema „Der Limes auf dem Weg zum Weltkulturerbe" nicht nur an die archäologischen Schätze der Region erinnern, sondern zugleich ganz bewusst die Bedeutung der römischen Kultur für die Identität Europas wieder stärker im öffentlichen Bewusstsein verankern.

Sicherlich kann dieses Symposium dazu nur einen bescheidenen Beitrag leisten. Aber auch schwache Kräfte haben oft eine große Wirkung. Und so vertrauen wir auf den Satz des römischen Dichters Ovid: „gutta cavat lapidem“. (Der Tropfen höhlt den Stein.)

Ich danke allen, die sich für das Erbe der Antike und den Limes engagieren und wünsche dem ersten *Taunus-Dialog* einen guten Verlauf.

Roland Bernecker

Das UNESCO-Welterbe: Anmerkungen zu einer Erfolgsgeschichte

Roland Bernecker

Es ist für mich eine große Freude, heute hier sprechen zu dürfen. Ich habe in Frankfurt studiert, kenne also auch das Umland und Bad Homburg. Es ist schön, in diese wunderbare Gegend zurückzukehren.

Ich werde mich auf einige skizzenhafte Bemerkungen zum Thema „Das UNESCO-Welterbe: Anmerkungen zu einer Erfolgsgeschichte“ beschränken.

Die Deutsche UNESCO-Kommission ist im Fall des Limes nicht direkt in die Entscheidungsfindung involviert. Es ist das Welterbekomitee. Ihm gehören 21 gewählte Vertreter jener Vertragsstaaten an, die die UNESCO-Konvention ratifiziert haben. Aber natürlich sind wir als UNESCO-Kommission im Vorfeld mit dem Welterbeprogramm sehr eng assoziiert. Auch wir hoffen, und ich glaube, es gibt begründeten Anlass zu dieser Hoffnung, dass der Limes Teil der Erfolgsgeschichte Weltkulturerbe wird.

Es ist für mich das erste Mal, dass ich im Vorfeld einer Bewerbung auftrete. Normalerweise haben wir es mit Stätten zu tun, die bereits die Aufnahme in die Welterbeliste geschafft haben. Wir haben dann oft unsere liebe Mühe, diesen Stätten ihren Status nahe zu bringen: dass sie jetzt in der „Champions League“ mitspielen, dass sie nun Teil einer Weltmarke sind, die eine Positionierung und strategische Ausrichtung verlangen, die diesem Anspruch genügen. In Deutschland erleben wir oft, dass es im Vorfeld von Ernennungen viele Aktivitäten und Initiativen gibt. Wenn die Einschreibung in die Welterbeliste dann erfolgt ist, geht man freilich schnell wieder zum Alltagsgeschäft über.

Heute erwarten Sie von mir sicherlich eine Antwort auf die Frage, wie es konkret um die Chance für den Limes steht, in die UNESCO-Liste aufgenommen zu werden. Um dazu etwas sagen zu können, muss ich zunächst einige allgemeine Anmerkungen zum Welterbeprogramm der UNESCO machen.

Als vor einigen Jahren in Afghanistan die Taliban die Buddha-Statuen sprengten, ging ein Aufschrei der Empörung um die ganze Welt. Man muss sich vor Augen halten, dass sicher die meisten Menschen, die diesen unglaublichen Vorgang beklagten, im Vorfeld gar nicht wussten, dass es diese Statuen gibt. Dieses Ereignis zeigt, dass im Bewusstsein der Menschen weltweit die Idee des Welterbes fest verankert ist. Wir halten das heute für selbstverständlich. Das war es aber vor einigen Jahrzehnten noch nicht. Die Menschen, die sich über den barbarischen Akt der Taliban empörten, hatten die richtige Intuition. Sie spürten, dass dort etwas zerstört wird, worauf auch sie einen Anspruch haben, was auch ihnen gehört. Ich denke, hier ist in den letzten Jahrzehnten ein Bewusstseinswandel geschehen, den man nicht genug würdigen kann. Die UNESCO-Welterbekonvention hat daran einen großen Anteil. Sie hat zu dem Verständnis beigetragen, dass bedeutende Kulturleistungen und herausragende Naturerbestätten nicht nur dem Staat, dem Volk gehören, wo sie sich befinden. Sie hat die Einsicht befördert, dass es so etwas wie eine gemeinsame weltweite Verantwortung für unser kulturelles Erbe gibt. Diese Idee des Weltkultur- und Weltnaturerbes ist aus unserer Vorstellungswelt nicht mehr wegzudenken.

Kultur hatte nicht immer diesen Status. Sie stand im Zeitalter der Staatengründung in Europa eher im Kontext chauvinistischer Selbstbestimmung. Kultur hatte eine kämpferische Note und diente eher der Abgrenzung und Überbietung. Aus diesem nationalen Begründungskontext, dem Leitmotiv konkurrierender Chauvinismen, ist die Kultur weitgehend herausgelöst worden. Das ist eine Leistung, die auch dem UNESCO-Programm zu verdanken ist. Man sieht daran: Wichtige Ideen brauchen nicht immer militärische Unterstützung, um sich Geltung zu verschaffen. Manchmal genügt es,

Als Kulturpolitik noch im „nationalen Begründungskontext“ stand: Besuch von Kaiser Wilhelm II. auf der Saalburg

dass es sich um die richtigen Ideen handelt.

„Das Welterbeprogramm ist eine Erfolgsgeschichte."

Das Welterbeprogramm ist eine Erfolgsgeschichte. Es basiert auf einem von 178 Staaten – und damit fast der gesamten Staatengemeinschaft – anerkannten Rechtsinstrument. Dem Programm ist es gelungen, den schönen Mythos der sieben Weltwunder auf die heutige Zeit zu übertragen. Dass diese Idee ein tiefes Bedürfnis der Menschen anspricht, zeigt das schwer zu schätzende Interesse, das der Liste überall entgegengebracht wird.

Dieser Erfolg bringt aber auch Probleme mit sich. Zwei möchte ich nennen: Die Liste wächst zu schnell und sie wächst zu unausgewogen.

Wir haben jetzt fast 800 Stätten auf der Liste. Es ist schon von der Leistungskapazität der UNESCO und des Welterbezentrums in Paris fast kaum noch zu schaffen, die jährlichen Bewerbungen und das laufende Monitoring aller bereits aufgenommenen Stätten zu bewältigen.

Die Unausgewogenheit rührt wesentlich vom starken Überhang Europas her. Da die Welterbeliste ein Instrument des Dialogs ist und nicht lediglich eine Hitparade der schönsten Kultur- und Naturstätten dieser Erde, muss uns daran gelegen sein, möglichst alle Kulturräume angemessen in das Programm einzubinden.

Unausgewogenheit finden wir auch bei den Typen von Stätten, die bislang anerkannt wurden. Sakralbauten und historische Innenstädte sind sehr stark vertreten, was sicherlich auf den Prozess der politischen Entscheidungsfindung zurückzuführen ist. Die politischen Instanzen, die innerstaatlich für die Nominierung zuständig sind, greifen verständlicherweise oft auf einen konservativen Kulturbegriff zurück.

Ich konnte jetzt in China bei der zurückliegenden Sitzung des Welterbekomitees feststellen, dass man sich die Aufnahmeentscheidungen schwerer macht, dass kritischer hingesehen wird und dass insbesondere westliche Staaten, die schon sehr stark vertreten sind – wie Deutschland mit 30 Einträgen – immer bessere Gründe für weitere Nominierungen vorbringen müssen.

„Nur wer die Chance nutzt einen Sinn für eigene Werte zu entwickeln, kann auch den Wert des Unbekannten erfahren und erkennen."

Vor diesem Hintergrund kann man dennoch sagen, dass der Limes sehr gut positioniert ist. Ihre Bewerbung hat einige komparative Vorteile. Dazu gehört, dass der Limes zum Denkmaltypus einer historischen Epoche zählt, die unterrepräsentiert ist. Zum anderen haben Hessen und die anderen drei Bundesländer den klugen Weg gewählt, über einen grenzüberschreitenden Antrag den Sprung in diese Liste zu schaffen. Dazu muss man Sie beglückwünschen, denn das ist eine Entscheidung, die dem Geist der Welterbekonvention besonders gerecht wird.

Das Welterbeprogramm ist ein Instrument des Dialogs der Völker und Kulturen. Aus dem Stolz auf das Eigene nährt sich die Neugierde auf das Fremde. Nur wer die Chance nutzt einen Sinn für eigene Werte zu entwickeln, kann auch den Wert des Unbekannten erfahren und erkennen. Gerade in der heutigen Zeit muss man darauf hinweisen, dass das Gegenteil von Toleranz nicht Intoleranz, sondern *Interesse* ist.

Der Limes bildete einmal eine Grenze, und mit dem grenzüberschreitenden Antrag verwandeln sie diese Grenze nun in ein Band, in einen roten Faden der Erinnerung an die gemeinsame Geschichte Europas. Das ist eine konstruktive Vorgehensweise, in der sich die Grundidee der UNESCO – Sicherung des Friedens, Zusammenarbeit der Völker – besonders gut wieder findet. Als Fazit würde ich sagen: Die Chancen für den Limes stehen trotz der etwas kritischeren Zeit, in der wir uns für neue Aufnahmen in die Welterbeliste finden, sehr gut.

Ich möchte im Vorgriff auf die hoffentlich erfolgende Aufnahme des Limes schon einmal einen freundschaftlichen Appell an die Verantwortlichen in der Politik und an die in der Arbeit vor Ort Tätigen richten. Wir haben schon einiges über die gute Arbeit gehört, die bislang geleistet wurde. Damit haben Sie eine gute Basis geschaffen, um sich auf den möglichen Status als Welterbe vorzubereiten und angemessen zu positionieren. Der erste Appell ist: Wuchern Sie mit dem kulturellen Kapital, das sie haben. Schaffen Sie eine Corporate Identity, die dem Limes als Teil der Weltmarke Menschheitserbe entspricht! Schaffen Sie eine weltweite Aufmerksamkeit für diese große römische Grenzidee, und binden Sie vor allem die Jugend ein. Das geschieht bei Ihnen, wie ich weiß, schon sehr stark, und das ist erfreulich. Bei verschiedenen Welterbestätten ist dies noch ein Manko. Nur wenn wir die Jugend mitnehmen auf dem Weg, kann es uns gelingen, langfristig und nachhaltig unser kulturelles Erbe zu erhalten.

„Wuchern Sie mit dem kulturellen Kapitel, das Sie haben.“

Ein weiterer Appell ist, das Netzwerk der deutschen Welterbestätten mit auszubauen. Es ist eine noch junge Pflanze, die aber in kurzer Zeit schon große Erfolge vorweisen kann.

Wir von der UNESCO-Kommission sind der Überzeugung, dass mit der Aufnahme in die Liste der Akt nicht vollzogen ist und der Vorhang fällt. Dann erst beginnt das spannende Abenteuer Welterbe. Machen Sie den Limes lebendig, indem Sie ihn nicht nur als Denkmal inszenieren. Er ist in erster Linie ja lebendig als Idee einer kulturellen Grenze. Es ist sicher keine mystische Erkenntnis, dass das Leben an den Grenzen nicht endet, sondern an den Grenzen beginnt. Um diese Idee zu inszenieren, haben Sie großartige Voraussetzungen. Nicht nur in Form dessen, was von der Geschichte konkret fassbar übrig geblieben ist. Sondern als Darstellung und Aufarbeitung dessen, was mit dem Begriff und der Geschichte von Grenze verbunden ist. Darin steckt ein großes Potenzial. Vielleicht können Sie die Berliner Mauer adoptieren und auf vielfältige Weise an der Idee von Grenzen und Grenzräumen arbeiten. Das ist ein schönes Motiv im Sinne der Völkerverständigung, für die sich die UNESCO weltweit einsetzt.

Ich möchte schließen mit einer Gratulation für die Arbeit, die Sie in den letzten Jahren für das kulturelle Erbe der Region und den Limes als Teil eines Bandes, das sich durch ganz Europa zieht, geleistet haben. Gratulation zu der Entscheidung, sich als Teil einer europäischen Idee zu sehen und mit anderen Ländern in Europa zusammenzuarbeiten. Die Deutsche UNESCO-Kommission drückt Ihnen die Daumen, dass es mit der Anerkennung des Limes und seiner Aufnahme in die Welterbeliste der UNESCO im nächsten Jahr klappt.

Christopher Young

Hadrian's Wall: Experiences with a World Heritage Site

I should perhaps start by outlining my background and my links with Hadrian's Wall. I am an archaeologist with nearly 30 years experience of managing cultural heritage. Since 1999 I have been Head of World Heritage and International Policy at English Heritage, the government's lead body for the management of the historic environment in England.

As such I am responsible for advice on the nomination and management of World Heritage Sites in England. I am also the lead professional adviser on cultural heritage in the UK delegation to the UNESCO World Heritage Committee.

From 1995 to 1999 I was Director for Hadrian's Wall, responsible for completing the first Hadrian's Wall World Heritage Site Management Plan, public consultation on it, and the revision and adoption of the Plan in 1996 in the light of those comments. I set up the Hadrian's Wall Coordination Unit to implement the Plan and led the implementation process for three years. Before that I was English Heritage's Regional Director in the north for ten years with direct management responsibility for more than 25 sites along Hadrian's Wall, including the major ones of Housesteads, Chesters and Corbridge.

Although not a Roman military specialist, my professional connection with

Christopher Young

Hadrian's Wall therefore goes back over 20 years.

Background

To begin with some basic background facts, Hadrian's Wall has been a World Heritage Site since 1987. Its first Management Plan was begun in 1993, and completed in 1996. The Hadrian's Wall Co-Ordination Unit was set up 1995.

Hadrian's Wall was the Roman Empire's most northerly frontier for 300 years. It was not just a simple wall but a complex of linear barriers, communication routes, watchtowers, milecastles and forts, backed up by supply bases, and supporting a large civilian population (and therefore similar in many ways to the Obergermanisch-Rhaetische Limes) running from sea to sea for a distance of around 120 kms. Beyond the western end of the linear barrier itself, the fortifications continued down the sea coast for many kilometres. Much of it was built of masonry and therefore survived well.

The common perception of Hadrian's Wall is of a noble ruin running through upland areas of great beauty. This is only true of the central sector of the Wall. In fact 10 per cent of the line of the frontier is in urban areas though with good archaeological survival below ground. Much of the remainder in the east is under plough or lowland pasture and survives as earthworks visible to the trained eye, or only as buried remains. In the west the remains of the Wall are barely visible in the totally different landscape of the Solway Firth and the Cumbrian coast.

Around 10 per cent of the frontier is owned and managed primarily for conservation and public access. Eight different bodies are involved in management of that 10 per cent. The remainder is largely privately owned. There are around 700 owners of the designated areas which form the World Heritage Site itself, mainly farmers, plus many others in the Setting (buffer zone) and urban areas.

The development of the conservation of the frontier

Hadrian's Wall has long been recognised as a unity by archaeologists and scholars. From the 19th century much importance was attached to the preservation of its remains. In urban Tyneside, the supply base of Arbeia was acquired by the local authority to form the Peoples Roman Remains Park in the late 19th century.

Das Chester-Kastell nördlich von Hexham. Zu sehen sind die Reste des Badehauses

Crucial to the Wall's survival in the most spectacular central sector was the work of John Clayton. A landowner and lawyer, he inherited the fort of Chesters as a feature in his park. He then bought up much of the rest of the Wall in the central part of its line, at one time owning five forts and several miles of the Wall. After his death at the beginning of the 20th century his estate was broken up and eventually parts of the Wall were damaged by quarrying together with threats of other major quarries around Housesteads.

This quarrying threat in the 1930's provoked the government into drafting and enacting the 1931 Ancient Monuments Act. This gave the state the powers to create the Hadrian's Wall and Vallum Protection Scheme. This gave area protection to the central part of the Wall and its visual setting as well as scheduling individual remains of the frontier as designated monuments.

This period also saw the first acquisitions of parts of the frontier both by the government and by the National Trust, marking the start of a long process of the movement of the best elements of the Wall into public and charitable care. The period between the Wars was therefore marked by the move from primarily private initiatives to save the Wall to a much greater public involvement. Parts of the frontier are now managed by English Heritage, three local authorities and a museum service, the National Trust and the Vindolanda Trust.

All these efforts concentrated mainly on the central sector – less than a third of Wall. Outside this area, known parts of Wall were scheduled and there was some work on exploration and display but there was no real effort to manage the Wall as a whole along all of its length. Even in the central sector, different sites were managed very independently of each other.

Despite scholarly recognition of the integrity of the frontier back to the time of Bede, it was only in the 1970's that concerns about the practical management of the Wall as a whole seem to have emerged. These were seen then primarily in terms of visitor management, particularly a perceived risk of erosion and damage based on very high visitor numbers (up to the oil crisis of 1973) and also inadequate interpretation and facilities for visitors.

Both the DART Report of 1976, commissioned by Countryside Commission, and the Hadrian's Wall Consultative Committee Report of 1984 focused on issues of visitor management and made a large number of recommendations. Because there was no mechanism for implementing the recommendations of the two reports, very little practical was achieved.

Inscription as a World Heritage Site

Hadrian's Wall was inscribed as a World Heritage Site (without formal mapped boundaries) in 1987. There was little consultation or public involvement in the nomination and little public awareness of inscription after it had occurred.

The official view was that inscription was largely honorific and without management implications since the Wall was thought to be already well protected. Inscription therefore had little practical effect at first.

Changing Perceptions

In the late 1980's/early 1990's this position changed for a number of reasons.

Nationally a series of public inquiries into planning applications in World Heritage Sites (two on Hadrian's Wall, and one each at Avebury and Ironbridge) showed that Ministers were prepared to take World Heritage inscription as a serious issue in planning cases. The existence of the World Heritage inscription was the reason for turning down all four development proposals.

This was the beginning of the recognition in the wider world that World Heritage inscription had powerful management implications and could be a force for conservation. There was also recognition of the concept of World Heritage Management Plans as means of better protecting and using WH Sites.

In 1994, the government issued advice that local authorities must formulate robust planning policies to protect World Heritage Sites, must regard them as a key material consideration in deciding on planning applications, and also recommended that all World Heritage Sites should have management plans (ODPM 1994).

On Hadrian's Wall there was growing awareness of the significance of World Heritage inscription as both a conservation and marketing tool. It was also increasingly realised that Hadrian's Wall should be regarded as a unity for management purposes. It was recognised too that there was a paradoxical need to cope with perceived visitor pressure as well as to sustain and develop tourism as other industries went under.

There was also recognition that the Wall suffered from other pressures such as development and the impact of agriculture, both ploughing and overgrazing in pastoral areas.

Das Housestead Castle bei Haltwhistle

This resulted in several initiatives:

- A ceremony to mark Hadrian's Wall as a World Heritage Site in 1993
- The creation, also in 1993, of the Hadrian's Wall Tourism Partnership to develop co-ordinated approach to sustainable tourism on Hadrian's Wall
- The Countryside Commission's firm proposal for a Hadrian's Wall National Trail. This focused attention on the Wall as a whole and generated heated discussion among archaeologists and others as to whether it would manage access more successfully or unleash hordes of visitors onto a monument unable to cope with the pressure.
- The announcement that English Heritage would lead the production of the Management Plan.

These events were not formally linked but did all involve many of the same people. In retrospect, these moves clearly reflected a general feeling that more co-ordinated management was needed. This had been stimulated by the World Heritage inscription and its successful use for conservation as well as by the perceived pressures on the Wall.

Preparation of the first Management Plan:

Participation by all the stakeholders was essential since World Heritage Site Management Plans have no statutory basis in the UK and depend on consensus for their effect. Therefore three, later four, working parties were created. These dealt respectively with spatial planning, land use, visitor access and interpretation, and the urban areas.

Consultants were used to prepare studies on the character of the landscape zones through which the Wall ran and also on how to manage tourism. The emerging policies were discussed at an invited symposium in the spring of 1995 and the consultation draft was launched in July of that year.

The consultation revealed considerable concerns about the proposed boundaries of the site, the impact of conservation policies on agriculture, and the possible impacts of tourism, particularly as a result of creating the National Trail. As a result, the consultation period was greatly extended and an interim draft was issued in February 1996 for a further round of consultation. The final plan was launched in July 1996 (English Heritage 1996).

The major changes were:

- Definition of the World Heritage Site as the designated archaeological monument only (this was accepted by the World Heritage Committee in 1997).
- Establishment of a broad Setting or buffer zone, intended primarily to protect the visual setting of the Wall.
- Rewording of some policies which had caused concern to landowners and farmers.

Plan methodology:

Management Plans are intended to resolve potential conflicts between competing uses and pressures. It is essential that as far as possible they are based on consensus and involve all the stakeholders in each Site. It is also essential that they should be capable of being implemented and that means exist to achieve this. Because of the widely varying nature of the UK World Heritage Sites, the plans will need to take different forms and contain differing policies. Common to them all is the need to target them at the protection of the site's values.

In order to achieve this, it is necessary to know what is there, what is important and why, what makes those values vulnerable, and what policies need to be in place to protect them. It is also necessary to develop policies for the sustainable use of the site for the benefit of the local population and economy. By sustainability is meant handing on the site to the next generation in at least as good (and, hopefully, better) condition as we inherited it. Essentially, the Plans are about the successful management of inevitable change and appropriate beneficial use of the site.

English Heritage therefore advises that World Heritage Site Management Plans should be developed through the following logical stages:

- Description of the Site, covering all its aspects, including current uses, and not confined to those which give its World Heritage values.
- Analysis of the description to identify the Site's values. All values should be identified and if necessary prioritised.
- Identification of ways in which the values of the Site are vulnerable, and also how they can be enhanced and used sustainably.
- Development of policies to counter the vulnerabilities and to enhance the character of the Site and its sustainable use.
- Identification of the ways in which the Plan can be implemented, and of arrangements to monitor and review its effectiveness.

Following the advice of UNESCO and its advisors (Feilden and Jokilehto 1998), we advise that Plans should have an overall vision for the Site, long-term aims looking forward 30 years, and policies for five years. The vision and aims should provide a long term continuum in which effective policies can be developed. Five or six years is about the longest period for which it is possible to plan ahead effectively. From these policies, it should then be feasible to develop annual work plans.

A helpful way to develop policies is to group them under four headings:

- Protection of the Site – the prevention of damaging activities.
- Conservation of the Site – positive actions to conserve and enhance the Site.
- Using the Site – developing uses for the Site which give it sustainable economic or social benefits.
- Managing the Site – clear policies for putting the Plan into effect and monitoring its effectiveness are essential if it is to be effective.

Finally, the process by which the Plan is developed and put into effect is as important as its content. Essentially the development of the Plan should go through three stages:

- The preparation of the Plan through involvement of all stakeholders; discussion and participation through this process is essential to develop consensus on the policies of the Plan. Public consultation on the draft Plan is the last step of this stage.
- Publication of the Plan and its adoption by all the key stakeholders; this is a key stage in the process since it presents a programme of work and an agreed vision and direction for the site's management .
- Implementation: without agreed means for implementation, the Plan will be of little use. It is essential that someone is responsible for implementing the Plan and acts as its champion. This person will not carry out all the actions himself but will be responsible for ensuring that other bodies do so. The Plan Coordinator should also be responsible for reviewing and monitoring the effectiveness of the Plan .

Implementation of the Hadrian's Wall Management Plan

The Management Plan is implemented through the Management Plan Committee and Coordination Unit. The Management Plan Committee is made up of representatives of around 40 bodies along the Wall, including government agencies, local authorities, site managers and representatives of landowners and farmers. The Coordination Unit is funded and staffed by English Heritage and currently has two staff only.

Alongside this there are two other Wall-wide initiatives. The Hadrian's Wall Tourism Partnership, with a considerable membership overlap with the Management Plan Committee, deals with the promotion and management of sustainable tourism. The Countryside Agency's National Trail Officer and his staff have been responsible first for creating the Trail and now for managing it. Both initiatives recognise that they work within the policies of the Management Plan. In practice, their links with the Coordination Unit are close.

The initiatives are supported by an interlocking network of committees and working groups which enable everyone to have their say. Individual site managers work within the Plan policies on the whole though they are clearly free to reject those which do not suit them.

The role of the Coordination Unit is basically, but not entirely, one of coordination. Most actions will fall to other bodies, either for whole Wall or for parts of it or for individual sites. However the Unit has taken the lead when no one else will, or when asked. Otherwise its job is to be the guardian and champion of the Plan and identify opportunities for its implementation.

Revision of the Management Plan

The 1996 Plan had a planned life of five years. It has therefore been revised and the second Plan was launched in 2002 (English Heritage 2002). It was written against a background of improved knowledge particularly of visitation away from the main sites. This showed that visitor numbers were not increasing greatly and putting vulnerable earthworks and masonry at risk as had been feared in 1996.

It was also written largely during the Foot and Mouth epidemic of 2001. The measures necessary to control this animal disease effectively closed almost the whole of the World Heritage Site to visitors and demonstrated the extent to which the economy of the area depended on tourism and on the Wall as a recognisable symbol of northern England.

A review of progress since 1996 showed:

- Protection for World Heritage Site has been written into local plans for much of its length and for all its most sensitive areas.
- The use of the Management Plan to resolve planning proposals before formal process.
- Statutory protection of the World Heritage Site had been reviewed.
- Funders have found comfort in the Plan for giving money to projects within its policy framework.
- One of the three major outstanding pieces of conservation has been completed.
- Work to deal with erosion and to provide future guidance has been started.
- An Interpretative Strategy has been developed and supported by Local Interpretation Plans for much of Wall.
- Better understanding of visitor behaviour and numbers has been established, leading to better policies for their future management.
- The first two Orientation gateways have been established.
- Joint leafleting and marketing of the World Heritage Site as a whole is developing.
- There have been major Heritage Lottery Fund/EU funded initiatives at several sites.
- The National Trail has been created and finally opened in 2003.

The revised Plan shows a widening understanding of the significance of the World Heritage Site. Its assessment of significance and its policies have been expanded to give more emphasis to the natural environment (including geology), the economic significance of the World Heritage Site and the need to use it sustainably. Its policies therefore concentrate on conservation activities not done in the first quinquennium such as the research strategy, and database, and on sustainable tourism as part of economic revival after the Foot and Mouth epidemic.

It contains much more detailed policies than the first version and these have provoked little objection. This demonstrates the success of the planning process and the distance through which we have moved since 1996.

The Plan sets a framework for further change which is now being proposed. In order to use the World Heritage Site sustainably, the two Regional Development Agencies have commissioned a Major Study (ERA 2004). This recognises that anything it proposes must be carried out within the policies of the Management Plan. It proposes major investment at a number of sites and also recommends that single unit should be created to coordinate all activity on the Wall. These proposals are still being debated by stakeholders but it is noteworthy that all parties accept that the Management Plan is the overarching document for setting policies.

A further future change will be the development of the concept of the Frontiers of the Roman Empire World Heritage Site which should come into being when the Obergermanisch-Rhaetische Limes will be added to the existing Hadrian's Wall World Heritage Site. This will provide further opportunities for working across borders.

Conclusion

The arrangements for the management of the Hadrian's Wall World Heritage Site are sometimes seen as a model to be followed elsewhere. This review has demonstrated that this process was only reached after time through a process of change and evolution. We believe that this model is a robust one which can work in most circumstances. We are pleased to see how it has been adapted for the Obergermanisch-Rhaetische Limes. We look forward to seeing how it develops and to working with you in the development of the Frontiers of the Roman Empire World Heritage Site.

Bibliography

- English Heritage 1996: Hadrian's Wall World Heritage Site Management Plan 1996
- English Heritage 2002: Hadrian's Wall World Heritage Site Management Plan 2002 (available on www.english-heritage.org.uk)
- ERA 2004: Hadrian's Wall Major Study Report prepared for ONE Northeast and North West Development Agencies (available on www.onenortheast. co.uk)
- Feilden and Jokilehto 1998: Management Guidelines for World Cultural Heritage Sites (ICCROM 1998, Rome)
- ODPM 1994: Planning Policy Guidance 15: Planning and the Historic Environment

Christopher Young

Hadrians Wall: Erfahrungen mit einem Weltkulturerbe

Zunächst möchte ich mich vorstellen und meine Verbindungen zum Hadrianswall erklären. Ich bin Archäologe mit einer 30-jährigen Erfahrung im Verwalten des Kulturerbes. Seit 1999 stehe ich an der Spitze der Kommission Weltkulturerbe und internationale Richtlinien bei English Heritage, welche das Hauptinstrument der Regierung ist, um historische Stätten in England zu verwalten.

Als solcher bin ich verantwortlich für die Nominierung und Verwaltung von Weltkulturstätten in England. Ich bin außerdem der höchste hauptamtliche Berater innerhalb der englischen Delegation für Weltkulturerbe in Zusammenarbeit mit dem UNESCO Weltkulturerbe-Komitee.

Als Direktor des Hadrianswalles von 1995 – 1999 war ich verantwortlich für die Aspekte der erstmaligen Erstellung eines Verwaltungsplans dieses Weltkulturerbes, dessen öffentliche Beratungen und die Revision und Adaption des Management-Planes 1996. Ich ernannte eine Hadrianswall-Koordinations-Gruppe, um diesen Plan umzusetzen, und leitete den Umsetzungsprozess drei Jahre. Zuvor jedoch war ich zehn Jahre lang Regionaldirektor des English Heritage für den Norden Englands. Ich war direkt für die Verwaltung von 25 Fundstätten entlang des Hadrianswalles zuständig, einschließlich der Hauptplätze in Housesteads, Chester und Corbridge.

So kann ich insgesamt auf mehr als 20 Jahre berufliche Verbindung zum Hadrianswall zurückblicken.

Hintergrund

Zunächst folgende Hintergrundinformationen: Der Hadrianswall ist Weltkulturerbe seit 1987. Der erste Managementplan wurde 1993 begonnen und 1996 fertig gestellt. Die Hadrianswall Koordinations-Gruppe arbeitet seit 1995.

Der Hadrianswall war 300 Jahre lang die nördlichste Grenze des römischen Imperiums. Er war nicht nur einfach eine Mauer, sondern eine Anordnung von Sperren, Verbindungswegen, Wachtürmen, Kastellen und Festungen, verstärkt durch Versorgungslager und die Unterstützung durch die Zivilbevölkerung des Hinterlandes (und aus diesem Grund vergleichbar mit dem Obergermanisch-Raetischen Limes). Er verlief von Meer zu Meer über eine Entfernung von 120 Kilometern. Über die gerade westliche Grenze hinaus verliefen die Befestigungen viele Kilometer entlang der Küste. Vieles war Mauerwerk und überdauerte deshalb sehr gut.

Gewöhnlich wird der Hadrianswall als imposante Ruine gesehen in einer wunderschönen Landschaft. Dies trifft zu auf den mittleren Teil. Aber etwa 10 % der Grenzlinie liegen archäologisch unter der Erde, gut erhalten auf städtischem Boden. Viele Überreste im östlichen Teil sind unter Wiesen und Ackerland verborgen, als Erdverwerfungen für das geübte Auge sichtbar oder aber unter der Erde verborgen. Die Überreste im

Westen sind in der völlig anderen Landschaft des Solway Firth und der Cumbrischen Küste kaum sichtbar.

Ungefähr 10 % der Grenze dienen hauptsächlich der Erhaltung und dem Publikumszugang. Acht verschiedene Abteilungen sind mit der Verwaltung dieser 10 % beschäftigt. Der Rest ist größtenteils in Privatbesitz. Die eigentlichen Stätten des Weltkulturerbes sind aufgeteilt unter 700 Besitzern, hauptsächlich Bauern, zusätzlich zu vielen anderen Eigentümern innerhalb der Pufferzone und städtischer Gebiete.

Die Entwicklung zur Bewahrung der Grenze

Der Hadrianswall wird schon lange von Archäologen und Wissenschaftlern als Einheit angesehen. Seit dem 19. Jahrhundert steht die Konservierung im Mittelpunkt. Ende des 19. Jahrhunderts hat die Stadt Tyneside das Versorgungslager Arbeia gekauft, um es zu einem öffentlichen Park mit römischen Ruinen zu machen.

Als bedenklich gilt die Arbeit von John Clayton im außergewöhnlich gut erhaltenen Mittelteil des Walles. Als Landbesitzer und Rechtsanwalt erbte er das Kastell von Chester als Schmuckstück in seinem Park. Er kaufte zusätzlich fast den gesamten mittleren Teil dazu und besaß am Ende fünf Kastelle und mehrere Meilen Wall. Nach seinem Tod Anfang des 20. Jahrhunderts wurde sein Besitz aufgeteilt und Teile des Walles als Steinbruch genutzt, ebenso wie andere Stellen um Housesteads.

Die Gefahr des Steindiebstahls veranlasste die Regierung 1931, ein Denkmalschutzgesetz zu erlassen. Dieses ermöglichte es, ein Schutzprogramm für den Hadrianswall und das dahinter gelegene Vallum zu erlassen. Das eröffnete Möglichkeiten für den Denkmalschutz sowohl für den mittleren Teil des Walles als auch für den Schutz einzelner Reste.

In diese Zeit fällt auch der Erwerb von Grenzteilen durch die Regierung und die nationale Treuhand. Es war der Beginn eines langen Prozesses, die besterhaltenen Teile des Walles öffentlich und förderwürdig zu machen. Die Zeit zwischen den Kriegen war deshalb geprägt von dem Wechsel der Anlagen aus Privat- in öffentlichen Besitz zur Erhaltung des Walles. Teile der Grenze werden jetzt vom englischen Kulturerbe (English Heritage), drei örtlichen Gremien und einer Museumsgruppe, der nationalen (National Trust) und der Vindolanda Treuhand (Vindolanda Trust), verwaltet.

Die genannten Bemühungen konzentrieren sich alle auf den mittleren Teil, der weniger als 1/3 des Walles darstellt. Daneben werden die bekannten Teile der Mauer aufgelistet, außerdem z. T. ausgegraben und ausgestellt. Aber den Wall als Ganzes zu verwalten wurde bisher nicht erreicht. Selbst im mittleren Sektor wurden verschiedene Stätten unterschiedlich verwaltet.

Trotz wissenschaftlicher Erkenntnisse der Grenzeinheit bis in die Zeit von Beda Venerabilis (7. Jh.) wurden erst 1970 Überlegungen angestellt, wie der Wall als Einheit zu verwalten wäre. Diese Überlegungen wurden hauptsächlich im Hinblick auf Besucher angestellt, besonders unter dem Aspekt

Innenhof der Praetoria des Housestead Castle

der Abnutzung durch Besucherströme und Erosion (bis zur Ölkrise 1973). Bis dahin waren Erläuterungen und Besucherangebote unzureichend.

Sowohl der DART-Report von 1976 als auch der Bericht von 1984, in Auftrag gegeben von dem Landschafts-Komitee und dem Beraterkomitee des Hadrianswalles, konzentrierten sich auf Möglichkeiten der Besucherverwaltung. Sie gaben viele Empfehlungen. Da es keine Mechanismen zur Umsetzung der Empfehlungen dieser beiden Berichte gab, wurde praktisch nichts erreicht.

Eintragung als Weltkulturerbe

Der Hadrianswall wurde 1987 als Weltkulturerbe eingetragen ohne festgelegte Grenzen. Die Ernennung wurde wenig beachtet und stieß auf kein großes öffentliches Interesse.

Die Öffentlichkeit war der Meinung, dass es sich um einen Ehrentitel handelt, und man sah keinen Handlungsbedarf für mehr Verwaltung, da man den Wall gut geschützt glaubte. Diese Ernennung hatte zunächst also einen geringen Effekt.

Veränderte Wahrnehmung

Diese Ansicht änderte sich aus vielen Gründen Ende der 80er/Anfang der 90er Jahre.

Auf nationaler Ebene gab es öffentliche Anfragen zur praktischen Nutzung von Stätten des Weltkulturerbes (zwei am Hadrianswall und jeweils eine in Avebury und Ironbridge), die zeigten, dass Minister ernsthaft gewillt waren, die Ernennung zum Weltkulturerbe in ihre Planungen einzubeziehen. Die Ernennung führte zur Ablehnung aller vier Entwicklungsvorschläge.

Man erkannte nun, dass ein Weltkulturerbe zu wirksamen Verwaltungen und verstärkter Erhaltung führen konnte. Die Anerkennung des Konzeptes des Weltkulturerbeplanes wurde jetzt als Möglichkeit gesehen, solche Stätten besser zu schützen und zu nutzen.

1984 wies die Regierung die örtlichen Verwaltungen an, Plätze des Weltkulturerbes in ihre Planungen einzubeziehen, sie als Schlüssel zu großen Vorhaben zu bedenken und Verwaltungspläne für alle Weltkulturerbestätten aufzustellen.

Am Hadrianswall wuchs ein Bewusstsein für die Bedeutung der Weltkulturerbe-Ernennung als Instrument zur Bewahrung und Vermarktung. Man realisierte verstärkt, dass der Hadrianswall als Ganzes vermarktet werden musste. Man erkannte auch den Widerspruch, einerseits der Besucherströme Herr zu werden und andererseits den Tourismus weiter zu erhalten und fortzuentwickeln, Letzteres vor allem, nachdem andere Erwerbszweige nachließen.

Dazu kam die Erkenntnis, dass der Hadrianswall auch Schaden nahm durch

Landwirtschaft, etwa durch Tiefpflügen und durch die Nutzung des Landes als Viehweiden.

Das führte zu verschiedenen Initiativen:

- 1993 fand eine Zeremonie statt zur Ernennung des Hadrianswalls als Weltkulturerbe.
- Ebenfalls 1993 wurde die Hadrians Wall Partnership ins Leben gerufen, um zu einer gemeinsamen Vermarktung des Projekts zu gelangen. Die Landschafts-Kommission schlug einen nationalen Hadrianswall-Wanderweg vor. Dieses zog viel Aufmerksamkeit auf sich und führte zu hitzigen Debatten unter Archäologen und anderen, ob das den Zugang erleichtern oder Besucherhorden anziehen würde, mit denen man nicht fertig würde.
- Die Ankündigung, dass das English Heritage der Verwaltung vorstehen würde.

Formal waren diese Vorgänge nicht verknüpft, aber sie betrafen oft dieselben Personen. Rückblickend kann gesagt werden, dass diese Überlegungen zu der allgemeinen Erkenntnis führten, dass die Verwaltung koordiniert werden musste.

Angestoßen wurde dies durch die Ernennung zum Weltkulturerbe und die dadurch gegebene Chance, das Denkmal erfolgreich zu erhalten sowie den fortschreitenden Missbrauch der Mauern zu unterbinden.

Erstellung des ersten Verwaltungsplanes (Management Plan)

Die Verständigung der Anteilseigner war wichtig, da der Verwaltungsplan der Weltkulturerbestätten in England nicht auf einem Gesetz beruht und deshalb vom Einvernehmen aller Beteiligten abhängt. Deshalb wurden drei, später vier Arbeitsgruppen gebildet, die sich mit Ausgrabungen, Landnutzung, Besuchermanagement und Vermittlung der Inhalte durch Erläuterungen im Land und in städtischen Gebieten befassten.

Berater wurden hinzugezogen, um Studien des Landschaftscharakters zu erstellen, durch die die Mauer führte, und für das Management des Tourismus. Im Frühjahr 1995 wurde zu einem Symposium eingeladen, um die Empfehlungen zu diskutieren, und das Beraterpapier wurde im Juli desselben Jahres veröffentlicht.

Blick am Hadrainswall entlang Richtung Osten zum Housestead Castle

Die Beratungen enthüllten eine große Sorge bezüglich der Grenzen, der Einflussmöglichkeiten auf die Landwirtschaft und die mögliche Zunahme des Tourismus, besonders in Bezug auf den Wanderweg. Aus diesem Grund wurde die Vorbereitungszeit verlängert und ein Interimsvorschlag im Februar 1996 an eine weitere Beratungsrunde gegeben. Die Endergebnisse wurden im Juli 1996 veröffentlicht.

Die hauptsächlichen Änderungen waren:

- Definition der Weltkulturerbestätten einzig als vorgesehenes archäologisches Denkmal (wurde 1997 vom Komitee für Weltkulturerbe angenommen).
- Einrichtung einer breiten Sperre oder Pufferzone, hauptsächlich um die sichtbare Anlage des Walles zu schützen.
- Neuformulierung einiger Richtlinien, die in der Vergangenheit sowohl Bauern als auch Landbesitzern Probleme bereiteten.

Methodik des Planes

Managementpläne sollen mögliche Zielkonflikte zwischen Benutzern und Bewahrern lösen. Es ist wichtig, dass sie so viel wie möglich auf Verständigung basieren und alle Anteilseigner von Fundstätten einschließen. Ebenso wichtig ist es, dass sie überhaupt umgesetzt werden können und dazu die notwendigen Möglichkeiten geschaffen werden. Da die Weltkulturerbestätten in England so unterschiedlich sind, müssen auch die Pläne unterschiedlich sein und die Vorgaben differieren. Was allen gemeinsam ist, ist die Notwendigkeit, den Schutz des Denkmals nachhaltig zu gewährleisten.

Um das zu erreichen, muss man wissen: Wo liegt das Denkmal, welche Bedeutung hat es, wie ist es in seinem Bestand und seinem Wert gefährdet und welche Vorschriften müssen zu seinem Schutz erlassen werden. Es ist aber genauso notwendig, Richtlinien zu formulieren, die zur Erhaltung, der ertragreichen Nutzung der Anlage sowohl zum Nutzen der Anlieger als auch der Wirtschaft dienen. Mit Erhaltung meine ich das Vererben der Stätte an die nächste Generation in einem Zustand, der mindestens so gut ist wie momentan (oder sogar besser). Wichtig ist, dass durch die Pläne unvermeidbare Änderungen umgesetzt werden können und eine angemessene Nutzung des Denkmals für alle möglich ist.

English Heritage empfiehlt deshalb, dass die Managementpläne des Weltkulturerbes in folgenden logischen Schritten umgesetzt werden sollten:

Beschreibung des Denkmals, alle Aspekte betreffend, einschließlich der gegenwärtigen Nutzung und nicht nur bezogen auf Werte, die ein Weltkulturerbe auszeichnen.

Analyse der Beschreibung, um die Bedeutung der Stätte aufzuzeigen. Alle Vorzüge sollten benannt werden und zwar nach ihrer Wertigkeit.

Beschreibung der Gefahren, die das Denkmal bedrohen, wie man es verbessern und bewahren kann.

Entwicklung von Vorschriften gegen möglichen Verfall, Hervorheben von Besonderheiten und Nutzung unter konservatorischen Aspekten.

Vorschläge zur Implementierung des Planes und Wege, ihn umzusetzen und seine Effizienz zu prüfen.

UNESCO und ICOMOS – und deshalb auch wir – raten dazu, einen ganzheitlichen Plan des Denkmals zu erstellen, mit einem längerfristigen Ausblick auf 30 Jahre und Vorschriften für 5 Jahre. Die Ausblicke und Ziele sollten eine langjährige Kontinuität gewährleisten und somit effektive Arbeitbedingungen ermöglichen. 5 oder 6 Jahre sind in etwa der Zeitraum, in dem ein wirksamer Plan durchgeführt werden kann. Anhand dieser Bedingungen ist es dann möglich, jährliche Arbeitspläne zu erstellen.

Um Arbeitsmaßnahmen zu entwickeln ist es hilfreich, sie in vier Gruppen zu teilen:

- Schutz des Denkmals – Verhindern von schädigenden Aktivitäten.
- Bewahren des Denkmals – positive Aktionen, um zu bewahren und zu fördern.
- Benutzen des Denkmals – Entwickeln von Nutzungsmöglichkeiten, welche zu wichtigen wirtschaftlichen und sozialen Vorteilen führen.
- Verwaltung des Denkmals – klare Anweisungen, um den Plan umzusetzen und seine Effektivität zu steuern.

Letztendlich ist die Art und Weise, in der der Plan umgesetzt wird, ebenso wichtig wie sein Inhalt. Wichtig sind drei Phasen, durch die der Plan dabei gehen sollte:

- Die Vorbereitung des Planes durch Einbindung aller Anteilseigner. Diskussionen und Mitsprache während dieses Prozesses sind notwendig, um eine Verständigung über die Punkte des Planes zu erreichen. Öffentliche Anhörung zu dem Planentwurf ist in dieser Phase der letzte Schritt.
- Veröffentlichung des Planes und seine Annahme durch die Hauptanteilseigner. Das ist ein Angelpunkt, da durch diesen Prozess ein Programm festgelegt wird, mit Bindungen für die zukünftige Verwaltung des Denkmals.
- Einführung: Ohne die benötigten Mittel zur Einführung macht es wenig Sinn. Es ist wichtig, dass eine Person verantwortlich ist, den Plan umzusetzen und als sein „Vollstrecker“ dafür steht. Diese Person soll nicht alle Aktionen selbst ausführen, ist aber zuständig für die Einteilung der Gruppen. Der Plan-Koordinator sollte sich auch um Rücklauf und Effektivität der Vorhaben kümmern.

Einführung des Verwaltungsplans zum Hadrianswall

Der Verwaltungsplan wird eingeführt durch das entsprechende Komitee und die Koordinationseinheit. Dieses Komitee besteht aus Mitgliedern von ca. 40 Arbeitsgruppen entlang des Walls, einschließlich Regierungsmitgliedern, örtlichen Beamten, Museumsdirektoren und Vertretern der Bauern und Grundbesitzer. Der englische Denkmalschutz stellt dieser Koordinationseinheit Mittel und Personal, im Moment allerdings nur zwei Angestellte, zur Verfügung.

Daneben gibt es noch zwei andere den Hadrianswall betreffende Initiativen. Die Hadrianswall-Tourismus-Partnerschaft, viele der Mitglieder sind auch im Verwaltungskomitee, befasst sich mit der Verbreitung und Unterstützung des willkommenen Tourismus. Der Präsident des Nationalen Wanderweges vom Landschaftsschutzverband und seine Mitarbeiter waren zunächst verantwortlich für die Einrichtung des Wanderweges und nun für die Pflege. Beide Gruppen sind sich im Klaren, dass sie innerhalb der Auflagen des Managementplanes zu arbeiten haben. Das bedeutet in der Praxis eine enge Zusammenarbeit mit der Koordinationseinheit.

Diese ineinander greifenden Initiativen ermöglichen es jedem, zu Wort zu kommen, da sie unterstützt werden von einem Netzwerk von Komitees und Arbeitsgruppen. Der einzelne Museumsdirektor arbeitet nach dem Plan, obwohl es ihm freisteht, diesen Plan seinen Bedürfnissen anzupassen.

Die Rolle der Koordinationseinheit ist zwar nicht immer, aber im Grunde wörtlich zu nehmen. Die meisten Arbeiten werden von anderen Gruppen erledigt, entweder den Wall als Ganzes oder Teile bzw. einzelne Stätten betreffend. Die Unit übernimmt allerdings dann die notwendigen Arbeiten, wenn keiner zuständig ist oder wenn sie darum gebeten wird. Andernfalls besteht ihre Aufgabe darin, Wächter zu sein und als Kopf des Planes Möglichkeiten einer Umsetzung zu finden.

Revision des Verwaltungsplanes

Im Jahre 1996 wurde der Plan auf 5 Jahre festgelegt. Er wurde überarbeitet und 2002 erneut veröffentlicht. Er wurde verfasst vor dem Hintergrund eines verbesserten Wissens, besonders in Bezug auf Besucher abseits der Hauptplätze. Es zeigte sich, dass Besucherzahlen nicht besonders gestiegen waren, aber in der Tat ein Risiko von Schäden an Ausgrabungen und Bauteilen, wie schon 1996 befürchtet, bestand.

2001 wurde viel über die Maul- und Klauenseuche geschrieben. Die Maßnahmen zur Kontrolle dieser Seuche führten dazu, dass die meisten Kulturstätten für Besucher geschlossen wurden und machten in der Folge deutlich, in welchem Ausmaß die Wirtschaft dieser Gegend vom Tourismus abhängt und der Wall ein Erkennungsmerkmal des nördlichen Englands ist.

Ein Rückblick auf die Fortschritte seit 1996 zeigte folgende Ergebnisse:

- Örtliche Planungen zum Schutz des Weltkulturerbes wurden für fast die gesamte Länge und an allen kritischen Stellen erstellt.
- Die Durchführung des Verwaltungsplanes, zum Beschluss der Planungen (Planfeststellung) vor der Umsetzung.
- Der Vor-Ort-Schutz des Weltkulturerbes wurde überarbeitet.
- Geldgeber waren bereit zu spenden, um Projekte innerhalb der Richtlinien zu verwirklichen.
- Eine der drei außergewöhnlichen Konservierungsaufgaben wurde fertig gestellt.
- Maßnahmen gegen Erosion und für spätere Verfahrensweisen wurden eingeleitet.
- Eine erklärende Strategie wurde entwickelt, unter Einbeziehung des örtlichen Erläuterungsplans für fast den gesamten Wall.
- Besseres Verständnis der Besucher in Bezug auf Verhalten und Zahlen wurde

erzielt, was zu verbesserten Richtlinien für die Zukunft führte.

- Die ersten zwei Orientierungsdurchgänge wurden eingerichtet.
- Gemeinsame Broschüren und Vermarktung der Weltkulturerbestätten sind in Planung.
- Große Spenden aus Kulturerbe-Lotterien/EU Spenden unterstützen Initiativen an verschiedenen Stätten.
- Der nationale Wanderweg wurde fertig gestellt und 2003 eröffnet.

Der revidierte Plan zeigt ein erweitertes Verständnis für die Bedeutung der Weltkulturerbestätten. Das Ermessen seiner Bedeutung und seine Richtlinien wurden ausgeweitet. Das legt die Betonung auf die natürliche Umgebung (einschließlich Geologie), die wirtschaftliche Bedeutung des Weltkulturerbes und die Notwendigkeit, es zum Nutzen zu unterhalten. Seine Richtlinien betreffen deshalb konservierende Maßnahmen, die in den letzten 5 Jahren vernachlässigt wurden, wie Forschungsstrategien und Datenbank. Aber auch einen ertragreichen Tourismus als Teil eines wirtschaftlichen Neuanfangs nach der Maul- und Klauenseuche.

Er enthält zudem genauere Richtlinien als die erste Version. Diese selbst haben wenig Protest hervorgerufen. Das zeigt den Erfolg der Planungen und den Weg, den wir seit 1996 zurückgelegt haben.

Der Plan dient als Gerüst für zukünftige Änderungen, die schon als Vorschlag vorliegen. Um die Stätten des Weltkulturerbes ertragreich zu nutzen, haben zwei regionale Entwicklungsagenturen eine große Studie in Auftrag gegeben. Man erkennt an, dass alle Vorschläge mit den Richtlinien des Managementplans konform sein müssen. Vorgeschlagen sind große Investitionen an einigen Fundstellen, und kleine Einheiten sollten gebildet werden, um alle Aktivitäten entlang des Walles zu koordinieren. Diese Vorschläge werden zurzeit von den Anteilseignern diskutiert, aber bemerkenswert ist, dass alle Gruppen den Verwaltungsplan als Richtlinienvorgabe akzeptieren.

Eine weitere Änderung in Zukunft betrifft die Entwicklung der Grenzen des römischen Imperiums als Weltkulturerbe, was zum Tragen kommen soll, wenn der Obergermanisch-Raetische Limes als Weltkulturerbe in die bestehende Stätte des Hadrianswalls aufgenommen sein wird. Das ermöglicht weiteres, zukünftig grenzüberschreitendes Arbeiten.

Zusammenfassung

Das System zur Verwaltung der Weltkulturerbestätte Hadrianswall wird manchmal als Modell für andere Einrichtungen gesehen. Dieser Rückblick zeigt, dass das Ergebnis eine Folge von mehreren Prozessen war, die sich über einen gewissen Zeitraum erstreckten. Wir sind der Meinung, dass das Modell sich als stabil erweist und in vielen Situationen eingesetzt werden kann.

Wir freuen uns, dass es schon am Obergermanisch-Raetischen Limes Anwendung findet. Diese Entwicklung werden wir mit Freude verfolgen und freuen uns auf die gemeinsame Arbeit am Aufbau der Grenze des römischen Imperiums als Weltkulturerbe.
(Übersetzung: Saalburgmuseum)

Andreas Rossmann

Chancen und Gefahren für Welterbestätten: Köln und ein anderes Beispiel

Andreas Rossmann

Was haben die persische Stadt Bam und der Kölner Dom gemeinsam?

Beide stehen seit Anfang Juli 2004, so hat das Komitee der UNESCO auf seiner Tagung im südostchinesischen Suzhou beschlossen, auf der „roten Liste" jener Weltkulturerbestätten, die es als „besonders gefährdet" ansieht. Was im Iran das schreckliche Erdbeben vom Dezember 2003 geschafft hat, das schaffen am Rhein die Pläne einer Stadtentwicklung, die der 157 Meter hohen gotischen Kathedrale am anderen Flussufer mehrere Hochhäuser von 103 bis 140 Metern Höhe als „modernes" Pendant gegenüberstellen möchte. Es ist das erste Mal, dass eine der inzwischen dreißig Weltkulturerbestätten in Deutschland auf diesen Index gesetzt wurde, der derzeit dreiunddreißig Positionen umfasst. Nur eine einzige weitere liegt in Europa: die Ruinenstadt Butrint in Albanien, die – und insofern liegen die Gründe dafür ganz anders als in Köln – 1997 geplündert worden ist.

Der Antrag zu dieser Entscheidung wurde, so war aus der deutschen Delegation zu hören, einstimmig angenommen, wobei sich ihm viele Mitglieder des Komitees „in außergewöhnlich scharfer Form" angeschlossen und die geplanten Gebäude als existentiellen Eingriff in den „herausragenden universellen Wert" gewertet hätten, den der Dom als eine der prominentesten Stätten der Weltkulturerbeliste darstellt. Ausdrücklich wurde bedauert, dass der Vorgang sich gerade in Deutschland, einer der Ursprungsnationen des Denkmalschutzes, ereigne. Die Entscheidung ist für die Bundesrepublik eine Premiere: Zuvor war nur einmal, 1997 im Fall des „Potsdam Centers", mit dieser Einstufung gedroht und damit ein Kompromiss erwirkt worden.

Die Indexierung ihres Wahrzeichens kam für die Stadt Köln überraschend, obwohl sie durchaus vorhersehbar war. Die Nachricht ist wie eine Bombe eingeschlagen, die sofort in die hier ortsübliche und mentalitätsbehaftete Verpackung aus Dickfelligkeit und Zweckoptimismus gewickelt wurde. In einer ersten, von Dompropst Norbert Feldhoff und Dombaumeisterin Barbara Schock-Werner unterzeichneten Stellungnahme äußerte das Metropolitankapitel der Hohen Domkirche nicht nur sein Befremden darüber, dass die Vertreter von ICOMOS, dem „International Council on Monuments und Sites", das die UNESCO in Fragen des Weltkulturerbes berät, nie mit ihm gesprochen hätten, sondern auch sein Bedauern über die Stadt, die „bei der Planung für die Hochhausbebauung in Deutz wenig Rücksichtnahme auf den Dom zeigte und ein Expertenhearing erst einberief, als alle Entscheidungen gefallen waren".

„Das mit dem Titel ‚Weltkulturerbe' verbundene Ansehen wird gerne und stolz verbucht und auch eingesetzt, sobald sich daraus aber ‚Nachteile' oder auch nur Pflichten ergeben, wird dessen Wert grundsätzlich in Frage gestellt."

Genau hier liegt auch eines der Probleme, das die Kölner Blamage erst ermöglichte. Denn so wenig es die Kommune bis dahin für nötig erachtet hatte, die Kirche in ihre Entwicklungspläne einzubeziehen, so wenig hatte sie den schon lange drohenden Eintrag in die „rote Liste" wirklich ernst genommen. Nicht einmal in dem Moment, da er vollzogen war und einen gewaltigen Imageschaden auslöste, war die Stadtspitze dazu bereit oder in der Lage, die Situation realistisch und in ihrer ganzen Tragweite einzuschätzen. Wie anders wäre die Mischung aus Trotz und Rechtfertigung, Pauschalisierung und Plattitüden, Kleinkrämergeist und Lokalpatriotismus zu verstehen, die die Reaktion des Oberbürgermeisters kennzeichnete? Die Plakette für das Weltkulturerbe habe, so schwadronierte er im Fernsehen, nur Geld gekostet (übrigens, aber das sagte er nicht, kein Geld der Stadt, sondern Geld der Kirche) und bislang nichts gebracht, die wenigsten Menschen hätten sie überhaupt wahrgenommen, es dürfe einer Stadt doch nicht verboten werden, zu expandieren, schließlich sei die Entscheidung von Leuten getroffen worden, „die grundsätzlich gegen Hochhäuser" seien. Auch mokierte sich der OB darüber, dass ein Libanese – er hatte in Suzhou die Debatte eröffnet – Kritik an Köln übe: „Mir ist es peinlich, wenn ein Delegierter aus dem Libanon sich Gedanken macht, was in Köln passiert", entfuhr es dem OB, der ja nicht wissen konnte, dass der Kulturwissenschaftler aus Nahost Köln während des Studiums kennen gelernt hat. Eine Entgleisung, die der OB später bedauert hat. Für den Dom gebe, so das Stadtoberhaupt, der Kölner sein „letztes Hemd", aber, so steht zu befürchten – und damit kommen wir zu einer anderen Gefahr, vor der Welterbestätten nicht unbedingt sicher sind –, die Investoren der Immobilienfonds, die die Hochhäuser finanzieren, nicht auch einen Teil der versprochenen Rendite.

Der Dom ist Weltkulturerbe, das war er schon vorher und wird er immer bleiben, ganz unabhängig davon, ob die UNESCO ihn offiziell so einstuft oder nicht, lautete denn auch die vom OB ausgegebene Generalreaktion auf die internationale Kritik. Eben darin wird ein anderes Problem sichtbar: Das mit dem Titel „Weltkulturerbe“ verbundene Ansehen wird gerne und stolz verbucht und auch eingesetzt, sobald sich daraus aber „Nachteile“ oder auch nur Pflichten ergeben, wird dessen Wert grundsätzlich in Frage gestellt. In dieser Asymmetrie, nach der Köln wenn nicht die Welt, so doch sein eigener Maßstab ist, artikuliert sich jene Selbstgefälligkeit, in der das Dilemma der Kölner (und vielleicht nicht nur der Kölner) Kommunal- und Kulturpolitik gründet. Anders als vor zwei, drei Jahrzehnten noch paart sie sich in der alten Colonia inzwischen mit einer Geringschätzung gegenüber der Geschichte: Längst scheint vergessen, dass nach dem Zweiten Weltkrieg unter Leitung der umsichtigen Stadtkonservatorin Hanna Adenauer beschlossen wurde, die fast völlig zerstörte Stadt, in der der Dom weitgehend unversehrt geblieben war, auf dem alten Straßengrundriss und mit den überlieferten Traufhöhen wieder aufzubauen.

Die Indexierung des Kölner Doms durch die UNESCO kam für die Stadt, wie gesagt, überraschend; dabei hatte es – und dieses Paradox spricht nicht für die Kölner – durchaus laute und deutliche Anzeichen gegeben. Schon früh hatten Denkmalschützer, so der traditionsreiche „Rheinische Verein für Denkmalpflege und Landschaftsschutz“, gegen die Pläne Stellung bezogen, noch wenige Tage, bevor der Rat der Stadt, die damals von einer schwarz-grünen Koalition regiert wurde, auch mit den meisten Stimmen von SPD und FDP, den so genannten „Triangle Tower“, nur 920 Meter vom Dom entfernt, beschlossen hatte, trat die Bezirksgruppe des Bundes Deutscher Architekten (BDA) mit einem von Architekten, Künstlern, Prominenten und „einfachen“ Bürgern getragenen Appell an die Öffentlichkeit, in dem er die Sorge um „Kölns einzigartiges Stadtpanorama“ zum Ausdruck brachte und das Verfahren, mit dem seine Zerstörung eingeleitet wird, bemängelte: „In diesen Tagen genügt eine interfraktionelle Absprache in kleiner Runde, um dem mittlerweile zum Weltkulturerbe aufgestiegenen Dom eine Phalanx von fünf Hochhäusern auf gleicher Augenhöhe rechtsrheinisch gegenüberzustellen. Das kostet den Dom seine beherrschende Stellung im Stadtbild“, hieß es in dem Aufruf, in dem ein Wertewandel im Umgang mit dem Wahrzeichen beklagt wurde: „Nach einem Jahrhundert stadtplanerischen Respekts vor dem großen Werk des Dombaus erstaunt die Nonchalance, mit der die Kölner ihren Dom verabschieden. Aus der Lokalpresse dieser kunstsinnigen Stadt, die sich um den Titel ‚Kulturhauptstadt Europas 2010‘ bemüht (daraus wurde übrigens nichts), erfährt der interessierte Kölner Bürger, dass es in erster Linie um Planungssicherheit für Investoren gehe.“ Namhafte Architekten, darunter der Kirchenbaumeister Gottfried Böhm, Oswald Matthias Ungers und Hans Schilling, aber auch die Dombaumeisterin gehörten zu den Unterzeichnern.

Bauherr des Turmes ist übrigens der Landschaftsverband Rheinland (LVR), der darin die eine Tochter, die Rheinische Zusatzversorgungskasse, unterbringen will. Als „Partner der Kommunen“, wie er sich selbst tituliert, hat sich der LVR, der in einem herausragenden Baudenkmal der fünfziger Jahre seinen Sitz hat, jedenfalls nicht verhalten, eher schon wie ein renditebewusster Investor, der für den Fall, dass das Hochhaus nicht gebaut würde, damit drohte, die Rheinische Zusatzversorgungskasse in einer anderen Stadt anzusiedeln. Zu den Dienststellen des LVR gehört – und das gibt der Angelegenheit eine besondere Pikanterie – auch das Rheinische Amt für Denkmalpflege, das in einer Stellungsnahme für eine Höhe von maximal 60 (statt der realisierten 103) Meter plädiert hatte. Auf dessen fachlichen Rat hat der LVR jedoch nichts gegeben, umso mehr hat seine Glaubwürdigkeit gelitten. Denn derselbe LVR-Direktor, der 1999 den Antrag gegen den Bau des Post-Towers in Bonn unterschrieben hatte, hielt den Umgebungsschutz, wie er ihn für den „Langen Eugen" erwirken wollte, beim Kölner Dom für nicht geboten.

Schließlich hatte auch ICOMOS „erhebliche Bedenken" gegen das Projekt geäußert. In einer Resolution, die das Deutsche Nationalkomitee von ICOMOS verabschiedet hat, heißt es, dass „dies nachhaltige Konsequenzen für die Beurteilung des Doms als Weltkulturerbe haben" werde und es, um diesen Status nicht zu gefährden, notwendig sei, „die Autorität des Kölner Doms als Wahrzeichen des christlichen Europa zu respektieren und nicht durch eine beliebige bipolare Zentrumsbildung zu entwerten". Schließlich, so erklärte damals Birgitta Ringbeck, Delegierte der Kultusminister-Konferenz beim Weltkulturerbekomitee, werde das Gremium derzeit von Vertretern aus Afrika und dem pazifischen Raum dominiert, von denen viele der Ansicht seien, dass Europa – mit zwei Dritteln aller Stätten – auf der Liste überrepräsentiert sei: „Die lauern nur darauf, etwas zu tun, was noch nie geschehen ist: Einen symbolischen Akt vorzunehmen und ein europäisches Denkmal zu streichen."

Daraus wurde, als der Dom dann tatsächlich auf die „rote Liste" gesetzt war, in Köln interessanterweise ein entlastendes Argument gemacht: Der UNESCO wurde – in einer Verkehrung der Prioritäten – unterstellt, dass es ihr gar nicht – oder nur in zweiter Linie – um den Dom und die Hochhäuser, primär aber darum ginge, den Europäern endlich eins auswischen zu können. Zu den Gefahren der Welterbestätten gehört mithin, zumindest in Köln, auch, dass in dem Moment, da das UNESCO-Siegel in Frage gestellt wird, Ausreden gesucht werden, um von den wirklichen Gründen für die Absetzung abzulenken. Denn der Titel „Welterbestätte" ist nicht nur eine Auszeichnung, sondern beinhaltet auch eine Verpflichtung, die mit seiner Annahme eingegangen wird.

Meine Damen und Herren, ich muss Ihnen, einem fachkundigen, den Belangen des Denkmalschutzes aufgeschlossenen Publikum, hier nicht die Bedeutung des Kölner Domes erläutern. Unter den 30 Weltkulturerbestätten in Deutschland ist die gotische Kathedrale wahrscheinlich – und damit will ich den Rang der anderen nicht schmälern, wertend vergleichbar sind sie ohnehin nicht – die berühmteste. Der Kölner Dom, der im Schnitt pro Tag von 18 000 Menschen besucht wird, ist das bekannteste Bauwerk in Deutschland und vieles zugleich: Denkmal, Wahrzeichen, Baukunstwerk, Symbol der Nationwerdung, Touristenattraktion und nicht zuletzt Gotteshaus. Doch was der Dom, der erst 1880 vollendet wurde, einmal bedeutet und wofür er gestanden hat, ist im öffentlichen Bewusstsein verblasst. Die Hybris der Stadt Köln, ihm in Deutz mit einer Phalanx von Hochhäusern als „modernes Gegenüber“ und „Stadt-Entree“ zu entsprechen, ist ein Eingeständnis von Geschichtsvergessenheit.

Das Vorhaben, als Entwicklungsimpuls für die vernachlässigte rechte Rheinseite ausgegeben, wird das vertraute Bild der Stadt verändern: Der Dom wird darin nicht länger die beherrschende Dominante sein und eine Abwertung erfahren, die einer zweiten Säkularisierung nahe kommt. Anders als die neuen Büro- und Hoteltürme geht er nicht auf in Nützlichkeiten, sondern weist über sie hinaus auf Transzendentes: Die größte mittelalterliche Kirche der Christenheit wird künftig, scheinbar gleichberechtigt, banalen Bauten gegenüberstehen, die nicht Ausdruck der Gemeinschaft sind, sondern sich aus ihr aussondern und partikularen Interessen dienen. Auch die Sichtbezüge zur Kathedrale, die aus der Ferne mehr noch als die innerhalb der Stadt, werden verändert und mithin eine Beziehung, die dem Gefühlshaushalt des Rheinländers seine spirituelle Verankerung gibt: Als Mittelpunkt seiner sichtbaren Welt ist ihm der Dom Orientierung, Identität, Heimat.

Seit der Kölner Dom auf die „rote Liste“ des gefährdeten Weltkulturerbes gesetzt wurde, sind knapp vier Monate vergangen. Die Bewegung, die inzwischen in die Auseinandersetzung gekommen ist, aber ging bezeichnenderweise nicht von der Stadt, die sich nicht einmal mit dem Procedere vertraut zeigte, sondern von dem nordrhein-westfälischen Kultusminister Michael Vesper aus. Nicht, weil er – wofür einiges spräche – die Angelegenheit der Kommune aus der Hand nehmen wollte, sondern weil er gefordert war. Denn nachdem die Stadt die Statuten der UNESCO schlichtweg ignoriert und damit missachtet hatte, war die Bundesrepublik als Vertragsstaat angesprochen, und da es hier um Kultur geht, fällt das Thema in die föderale Zuständigkeit. Die Gefahr, in die sich Köln mit seiner Hochhausplanung auf der rechten Rheinseite bringt, hatte Vesper, anders als die Verantwortlichen vor Ort, früh erkannt und mehrfach auf die möglichen Konsequenzen verwiesen. Was aber konnte er machen, um die Kölner Stadtspitze, in deren Zuständigkeit die Stadtentwicklung fällt, zur Einsicht zu bringen?

Erst mal konnte er nicht mehr tun, als eine Arbeitsgruppe anzuregen, und die hat sich inzwischen konstituiert. Stadt und Land sind darin ebenso vertreten wie das Metropolitankapitel, die Deutsche UNESCO-Kommission und die Kultusministerkonferenz. Bis Anfang Dezember soll dieses Gremium einen Bericht entwerfen und „die Überzeugungsarbeit beim ‚World Heritage Comitee' koordinieren". Auf das Ergebnis darf man gespannt sein. Denn beides ist ja schwer vorstellbar: auf der einen Seite, dass das bereits im Rohbau fertig gestellte Hochhaus abgetragen oder heruntergestuft wird, auf der anderen Seite, dass der Kölner Dom auf der „roten Liste" verbleibt. Wie aber wird der Kompromiss aussehen?

Meine Damen und Herren, ich enthalte mich an dieser Stelle jeder Spekulation und hoffe, Ihnen mit dieser kleinen Fallstudie zu den Chancen und Gefahren – mehr zu den Gefahren als zu den Chancen einer Welterbestätte – skizziert zu haben, dass der Kölner Dom hierfür ein sehr komplexes Beispiel gibt, das nicht allein Fragen des Denkmalschutzes, sondern darüber hinaus des Stadtgefüges, des Stadtpanoramas, des Geschichtsbewusstseins, der Selbstvergewisserung, ja auch Fragen zu Mentalität, Identität und Glauben beinhaltet. Es geht hier, da greift selbst das Monitum der UNESCO zu kurz, nicht „nur" um „die visuelle Integrität des Doms und der einzigartigen Stadtsilhouette", es geht auch nicht „nur" um Sichtachsen und Blickbezüge, es geht um nichts weniger als um den Organismus der Stadt, um ihre Erneuerung und Entwicklung aus ihrem historischen Erscheinungsbild. Dieser Respekt gegenüber der Geschichte hat nichts mit Fortschrittsfeindlichkeit oder Expansionsblockaden zu tun, denn eine halbhohe, Räume bildende Stadterweiterung in Deutz wäre die größere Herausforderung.

Oder, um es kurz zusammenzufassen und auf die titelgebende Formel „Chancen und Gefahren für Welterbestätten" zu bringen: Die Gefahr geht hier erst einmal nicht von den Bauwerken selbst aus, sondern erwächst aus der Missachtung der Selbstverpflichtung, die damit verbunden ist. Die Chance, um auch sie zu benennen, für Köln könnte nun – immer noch – darin bestehen, dass es, von der Blamage der drohenden Aberkennung aufgeschreckt, diese Verantwortung endlich an- und ernst nimmt und die Entwicklung der Stadt daran ausrichtet. Das ist der Weg, auf dem die Stadt ihre Einzigartigkeit und ihre Attraktivität bewahren kann. Doch dafür müssten die Kölner den Mut finden, sich mit München oder gar Paris, wo das Ineinssetzen von Hochhäusern und Modernität längst als anachronistisch erkannt ist, zu vergleichen, und ihre provinzielle Selbstgenügsamkeit überwinden.

So viel, meine Damen und Herren, erst einmal zu Köln – und nun noch, nur als Appendix, ein paar Anmerkungen zu einer anderen Welterbestätte.

Der Kölner Dom ist die bekannteste Kirche in Deutschland. Und sie wird es bleiben, unabhängig davon, ob sie wieder von der „roten Liste" gestrichen wird oder nicht. Auch darin liegt eine Gefahr: Der „UNESCO"-Titel wird als Zugabe (miss)verstanden, die wie eine Anstecknadel, wenn es nicht mehr passt, wieder abgenommen wird. Von ganz anderer Bedeutung ist der Welterbe-Status für ein Bauwerk, das ebenfalls mit Superlativen aufwartet: Die größte, die modernste, die leistungsfähigste: Mindestens diese drei Rekorde konnte die Schachtanlage Zeche Zollverein 12 in Essen auf sich vereinen, als sich am 1. Februar 1932 die Räder ihres Förderturms zum ersten Mal drehten. Eröffnet wird sie im gleichen Jahr, in dem die Schließung des Bauhauses in Dessau beginnt. Auch wenn sie nicht aus dessen Geist entstanden ist, stellt sie mit ihren kubischen, nach dem Prinzip von Axialität und Symmetrie geordneten Baukörpern doch ein spätes, „anderes" Monument der „golden twenties" dar: das Zeugnis einer wirtschaftlichen Hochblüte, die zum Zeitpunkt der Inbetriebnahme bereits verwelkt ist.

Die geradlinige, markante, neusachliche Architektur dieser weiträumigen, zwanzig Gebäude umfassenden Anlage hat ihr einen vierten Superlativ eingetragen, der sich nicht in Zahlen nachweisen lässt: „Schönste Zeche der Welt", oder auch, so Karl Ganser, der Direktor der Internationalen Bauausstellung Emscher Park, die von 1989 bis 1999 im Revier stattfand (und damit sind beide Themen auch verknüpft): „Der Kölner Dom des Ruhrgebiets."

Dass Industriebauten Schönheit bescheinigt wird, ist noch immer keine Selbstverständlichkeit und erscheint gerade im Bergbau, der mit Feuer, Kohle, Lärm und Schmutz einhergeht, besonders abwegig, doch wird es selten so eindrucksvoll augenfällig wie in diesem Ensemble: Die einzelnen Bauten bestehen aus einer gleichmäßig gerasterten Stahlfachwerkkonstruktion mit einer einheitlichen, nur zwölf Zentimeter dicken Backsteinausfachung, die, flexibel für Um- und Ausbauten, wandbündige horizontale Drahtglasbänder ebenso zulässt wie Betonflächen. Klar definiert und in geometrischer Ordnung aufeinander bezogen, bilden sie die inneren Arbeits- und Produktionsabläufe ab. Geht es den Architekten Fritz Schupp und Martin Kremmer doch darum, „dass im Rhythmus der Baukörper und Baumassen der Rhythmus der Funktionen zum Ausdruck" komme, „die sich in ihnen vollzieht". Kurz und

„Dass Industriebauten Schönheit bescheinigt wird, ist immer noch keine Selbstverständlichkeit."

formelhaft bekannter formuliert, heißt das: „form follows function". Bis in die Details der Lampen, Treppengeländer und Türgriffe, der Wege und Grünflächen durchgestaltet, bekundet die Zeche eine Nähe zum Gesamtkunstwerk. Auch das Doppelfördergerüst, Synthese aus ingenieurtechnischer Konstruktion und baukünstlerischer Formgebung, wurde von den Architekten entworfen: Breitbeinig über dem Schacht sich erhebend, ist es – inzwischen – zum Wahrzeichen des Ruhrgebiets geworden.

Selbstverständlich war das nicht. Denn lange bevor die Zeche Ende 1986 stillgelegt wurde, hatte ihr Betreiber eine Abbruchgenehmigung beantragt, dem das Rheinische Amt für Denkmalpflege 1984 widersprach. So musste der zuständige Minister für Landes- und Stadtentwicklung angerufen werden, der eine mutige und weitsichtige Entscheidung traf: Es ist vor allem das Verdienst von Christoph Zöpel, der von 1980 bis 1990 dieses Amt innehatte, dass die Zeche Zollverein gerettet wird.

Fünfzehn Jahre nach ihrer Schließung wurde die Zeche Zollverein 12 in die Welterbeliste der UNESCO aufgenommen. In der Zwischenzeit war mit der schrittweisen Instandsetzung begonnen und sechs Hallen für kulturelle, soziale und gewerbliche Zwecke umgewidmet worden, 1996 wurde das ehemalige Kesselhaus nach dem Umbau des britischen Architekten Norman Foster zum Sitz des Design Zentrum Nordrhein-Westfalen. Einige der Kumpel, die 1986 zur letzten Schicht einfuhren, führen heute Besucher durch die denkmalgeschützte Anlage. Inzwischen wird daran gearbeitet, die „Kathedrale der Arbeit" umzuinterpretieren: „Zollverein ist wohl das erste Weltkulturerbe", so Wolfgang Roters, einer der beiden Geschäftsführer der Entwicklungsgesellschaft Zollverein, „das weder musealisiert noch in seiner Nutzung festgeschrieben wird, vielleicht Prototyp einer neuen Generation historischer Orte, deren ökonomische Basis grundlegend transformiert wird: hier von der großindustriellen Montanproduktion in die viel kleinschichtigere, schnellere, flexiblere und innovativere Produktion von Ästhetik, neuen Technologien, Architektur und Kunst", Zollverein „als ein großes neues Labor für Arbeiten, Wohnen, Lernen und Erleben".

Was hier stattfindet oder jedenfalls stattfinden soll, ist – so weit hat die Werbeprosa einen realistischen Kern – eine große Konversion: Aus einem Hochleistungskomplex der Schwerindustrie soll ein „Zukunftsstandort", aus einem Zweibeiner von Kohle und Stahl ein Tausendfüßler und mithin ein Modell des Strukturwandels werden. Dieser Umwandlungsprozess ist auch ein Umwertungsprozess, den der Welterbetitel bestätigt und befördert: Die Zeche wird zum Emblem für die Region, die Menschen entwickeln einen Stolz auf den ehemaligen „Pütt", der für alle, die nicht hier arbeiteten, eine „verbotene Stadt" gewesen war, die ehemalige Industrieanlage wird mit anderen Augen gesehen, die nicht mehr ihre funktionale Effizienz, sondern ihre baukünstlerische Qualität wahrnehmen. Die Zeche Zollverein wird zur Ikone des Ruhrgebiets.

Der Welterbetitel trägt hier bei zu einem Struktur- und Bewusstseinswandel. Damit sind, zumal für eine ökologisch und ökonomisch gebeutelte Region, große Chancen, aber sicher auch, und damit möchte ich schließen, Gefahren verbunden. Die liegen hier, wo viel von „Zukunftsstandort" und nur noch wenig, ja fast gar nicht mehr von Denkmalpflege die Rede ist, in zwei Extremen: entweder zum monumentalen Industriemuseum zu erstarren oder zum gehobenen Gewerbepark zu verflachen.

Und vielleicht ist das, mutatis mutandis, ja auch ein Stück weit übertragbar, liegen Gefahren und Chancen für Welterbestätten in Köln, Essen und anderswo auch ganz nah beieinander. Sie für künftige Generationen zu erhalten, und das heißt, sie als Zeugnis der Geschichte weiter sprechen zu lassen, sie in einer Beziehung mit der Gegenwart zu halten, sie also weder zu mumifizieren noch zu stilisieren, das ist die Aufgabe, die die Welterbestätten uns stellen, jede von ihnen anders, jede nach ihren individuellen Maßgaben: eine Gratwanderung, schwierig, aber auch spannend, absturzgefährlich, aber auch entdeckungsreich.

Eine bessere, verbindlichere Auskunft, ein Rezept oder eine Anleitung gar, kann ich Ihnen leider nicht geben.

Podiumsgespräch

Das Phänomen Weltkulturerbe als Chance und Risiko: Was bedeutet die UNESCO-Auszeichnung für eine Region?

Weltkulturerbe zu sein ist ein Privileg, das nicht mehr zu steigern ist. Aber erfüllen sich mit der Anerkennung auch die öffentlichen Erwartungen, die mit der Auszeichnung verbunden sind? Können Welterbestätten zur Regionalentwicklung beitragen oder behindern sie diese eher? Welche Chancen eröffnen sich für den Tourismus, welche für die Wissenschaft durch das UNESCO-Prädikat? Diese und weitere Fragen standen im Mittelpunkt eines Podiumsgesprächs, das zum Abschluss des Symposiums in der Exerzierhalle des Saalburgkastells stattfand. Unter der Moderation von Hans Sarkowicz, Wellenteamchef Kultur, Bildung und Künstlerisches Wort beim Hessischen Rundfunk, diskutierten Andreas Rossmann, Feuilleton-Redakteur der F.A.Z., Dr. Rainer Behrend, IHK-Geschäftsführer Frankfurt/Main, Prof. Dr. Egon Schallmayer, Saalburgdirektor und Hessischer Landesarchäologe, Andreas Felchle, Bürgermeister der Stadt Maulbronn, Elke Starke, Vizeprä-

Diskutieren über das „Phänomen Weltkulturerbe" (v.l.n.r.): Andreas Rossmann, Dr. Rainer Behrend, Prof. Dr. Egon Schallmayer, Hans Sarkowicz, Andreas Felchle, Elke Starke und Dr. Hermann Schefers

sidentin der Struktur- und Genehmigungsdirektion Nord in Koblenz (Welterbe Mittelrheintal) und Dr. Hermann Schefers, Kloster Lorsch, über das „Phänomen Weltkulturerbe".

***Hans Sarkowicz (Moderator):** Welche Erfahrungen haben Sie, Herr Felchle, als Bürgermeister Maulbronns mit dem Titel Weltkulturerbe gemacht? Wie ist es, in einer kleinen Stadt mit einer bedeutenden Welterbestätte zu leben? Warum haben Sie sich überhaupt um den Titel beworben?*

Andreas Felchle: Die Stadt hat sich nicht beworben, Kloster Maulbronn gehört weitgehend dem Land Baden-Württemberg. Das Land war auch Träger des Prozesses zur Aufnahme in die Liste, was nun rund elf Jahre zurückliegt. Warum man es gemacht hat? Kloster Maulbronn ist eine beeindruckende und sehr schöne mittelalterliche Anlage, die zumindest nördlich der Alpen nicht zu übertreffen ist. Eine solche herausragende Denkmalstätte sollte in den Rang eines Weltkulturerbes erhoben werden. Natürlich spielte auch die Politik eine Rolle. Man schaute auf die Verteilung der Welterbestätten in Deutschland und fragte sich: Wo bleiben wir?

Jetzt sind zehn Jahre vergangen. Aus kommunaler Sicht kann ich sagen: Die Stadt hat den ganzen Prozess positiv begleitet, weil wir wussten, dass er große Chancen bietet. Ideeller Natur, aber auch materieller. Es ging einerseits um unser Image, materiell um Tourismus und Gastronomie. Wir wussten auch, dass die Aufnahme in die UNESCO-Liste mit Verpflichtungen verbunden ist. Die rechtlichen Verpflichtungen hat die Bundesrepublik Deutschland und davon abgeleitet das Land Baden-Württemberg. Aber natürlich haben wir als Stadt auch eine große Mitverantwortung für das, was sich in Maulbronn entwickelt. Ich kann nach zehn Jahren feststellen: Es war für alle Beteiligten eine echte Erfolgsgeschichte.

***Moderator:** Herr Schefers, Sie haben mit der Beantragung von Kloster Lorsch als Weltkulturerbe ein wenig gewartet. Warum?*

Hermann Schefers: Die Anfänge gehen auf die Mitte der 80er Jahre zurück. Das ist immer noch relativ spät mit Blick auf die Nominierung des ersten deutschen Kulturdenkmals 1978, des Aachener Doms. Lorsch ist im Vergleich zu Maulbronn eher ein Ort, wo man sich fast alles denken muss und nicht, wie in Maulbronn, ein mittelalterliches Kloster, wo man alles so plastisch vor Augen hat wie im Fall dieser wunderbaren zisterziensischen Klosteranlage. In Lorsch sind nur drei Bauwerke erhalten und diese größtenteils auch nur fragmentarisch. Es ist eine der kleinsten Welterbestätten; seit 1991 stehen wir auf der Welterbeliste.

Wir konnten in den zurückliegenden Jahren feststellen, dass sich einiges an der Wahrnehmung dieses Objekts durch die Aufnahme in die UNESCO-Liste verändert hat. Wir sind nicht nur ein Ort gelungener Denkmalpflege, was man im Falle der Torhalle sagen kann; in Lorsch wird vor allem die immaterielle Bedeutung des Ortes bewusst, zum Beispiel die Bedeutung des Klosters Lorsch für die kultur- und geistesgeschichtliche Entwicklung in Mitteleuropa. Das kompensiert in gewisser Weise die fehlende Bausubstanz und macht die besondere Aura unserer Anlage aus.

Moderator: *Wir haben auf dem Podium den Vertreter eines kleinen Klosters, einer Stadt mit einer Welterbestätte und Frau Starke, die eine Landschaft als Weltkulturerbe vertritt. Ich frage mich, wie kommt man auf die Idee, einen ganzen Abschnitt des Rheintales zum Weltkulturerbe erklären zu lassen?*

Elke Starke: Auch dieser Prozess reicht inzwischen schon 25 Jahre zurück. Von der Idee bis zur Umsetzung im Jahr 2002 ist eine Menge Zeit vergangen mit vielen Diskussionsprozessen. Was sich immer wie ein roter Faden durchgezogen hat, war das Bewusstsein, dass wir eine weltweit einmalige Konzentration von Baudenkmalen haben, von Landschaftsbildern und traditionellen Wirtschaftsstrukturen wie z. B. den Steillagenweinbau. Diese Komponenten zusammen haben die jeweils in Verantwortung stehenden Akteure dazu bewogen, sich um die Auszeichnung zu bewerben. Wohl wissend, dass die Aufgabe, die Auflagen und Erwartungen der UNESCO und die Erwartungen der Beteiligten vor Ort zu erfüllen, im Rheintal eine andere Dimension hat. Wir haben ungleich mehr an Vorstellungen und Strukturen unter einen Hut zu bringen und müssen stets darauf achten, dass weiterhin Leben in diesem Raum möglich ist. Es geht um die spannende Verbindung zwischen Bewahren und Weiterentwickeln. Hier liegt für uns die große Herausforderung. Im Mittelrheintal wird auch erstmals der Versuch unternommen, länderübergreifend einen Raum als Weltkulturerbe zu managen. Rheinland-Pfalz und Hessen haben dieses Projekt gemeinsam auf den Weg gebracht, und wir sitzen jetzt auch beim Limes wieder in einem gemeinsamen Boot.

Moderator: *Nun ist das Mittelrheintal ja eine Kurzstrecke gegen das, was Professor Schallmayer vor sich hat: den Limes mit 550 Kilometern Länge. Zwei Fragen habe ich an Sie: Warum kommt der Limes so spät? Wie soll das funktionieren mit einem 550 Kilometer langen Denkmal?*

Egon Schallmayer: Zunächst einmal, es ist nicht nur meine Aufgabe, sondern das Werk und die Aufgabe der Kollegen und Kolleginnen in den beteiligten Bundesländern Hessen, Rheinland-Pfalz, Baden-Württemberg und Bayern. Warum kommt der Limes so spät? Nun, es liegt sicherlich daran, dass die Aufnahme archäologischer Stätten insgesamt etwas später in den Aufnahmeverfahren der UNESCO Platz gegriffen hat. Das hängt mit der Ausrichtung auf große Baudenkmale zusammen. Ab 1994 hat sich dies jedoch geändert. Damit sind wir angesichts der gesamten Rahmenbedingungen doch zeitgerecht. Da wir auf die Erfahrungen aus England zurückgreifen konnten, können wir das Verfahren jetzt möglicherweise beschleunigen. Insofern wird der späte Start durch

Das Saalburgkastell bei Bad Homburg

die kurze Frist bis zur möglichen Anerkennung wieder aufgehoben.

Wie will man ein Weltkulturerbe Limes managen? Darum geht es im Managementplan, den die UNESCO von uns fordert. Wir haben mittlerweile mit der Deutschen Limeskommission ein Instrument gegründet, das sich aus Vertretern der Wissenschaft und Politik bzw. der Verwaltung zusammensetzt. Wir in Hessen entwerfen einen Limesentwicklungsplan, der zunächst die Beschreibung des Objektes im Gelände vorsieht, dann aber auch die Maßnahmen, die in denkmalpflegerischer und musealer Hinsicht zu treffen sind. Wir denken, dass dies ein Weg ist, modulhaft von unten aufzubauen, die einzelnen Aktivitäten zu bündeln und dann dies von der Deutschen Limeskommission verkünden zu lassen.

Moderator: *Herr Dr. Behrend, wie steht die IHK zum Weltkulturerbe? Ich könnte mir vorstellen, dass Industrie und Handel da nicht unbedingt an einem Strang ziehen.*

Rainer Behrend: Das Thema Weltkulturerbe ist für die Region Taunus und Frankfurt Rhein-Main eine große Chance. Es herrscht eine enge Verflechtung zwischen der Kulturwirtschaft einerseits und dem Tourismus andererseits. Die Kultur ist für den Tourismus ein Frequenzbringer oder zumindest ein Frequenzverstärker. Wenn wir die Region anschauen, stellen wir fest, dass der

Tourismus stark abhängig ist von Messen und Tagungen. Das sieht man an Übernachtungszahlen und -dauer. In Frankfurt übernachtet ein Gast im Schnitt 1,6 Nächte, im Taunus allenfalls drei Nächte, obwohl die Region sehr viele Attraktionen bietet wie z. B. die Saalburg, den Hessenpark oder die schöne Landschaft des Naturparks, die aber letztlich nicht ausreichend vermarktet werden. Ein Weltkulturerbe wäre eine Chance, diesem Standort touristisch auch international mehr Aufmerksamkeit zu verschaffen. Dies käme letztlich der gesamten Wirtschaft zugute, denn jeder Übernachtungsgast lässt im Durchschnitt 144,90 Euro in der Region. Deshalb wird die Bewerbung auch von uns unterstützt.

Moderator: *Herr Rossmann, Sie sind Journalist und damit ein kritischer Geist. Wie beurteilen Sie die Einrichtung Weltkulturerbe?*

Andreas Rossmann: Es stellen sich mir da schon ein paar Fragen. Sicherlich ist die Bewertung positiv für diejenigen, die Weltkulturerbe werden. Ich wundere mich aber, wie stark und einseitig man sich auf diesen Titel fixiert. Mal polemisch gefragt: Kann man nicht die Besonderheit des Limes oder einer Kathedrale oder eines Industriedenkmals auch vermitteln ohne den Titel Weltkulturerbe? Perspektivisch stellt sich auch die Frage: Es gibt sehr viele Anträge, sehr viele Städte und Staaten, die mit ihren Denkmalen Weltkulturerbe werden wollen. Wie weit lässt sich das spannen? Gibt es da ein oberes Limit? Denn eines ist doch klar: Je mehr es werden, desto weniger Aufmerksamkeit bleibt für die einzelne Welterbestätte übrig.

Aus meiner Beobachtung sehe ich noch ein anderes Problem. Das Beispiel Zeche Zollverein Essen zeigt, dass sich ein neues Verhältnis der Menschen zu einer Welterbestätte entwickelt. Aber dann geschieht Folgendes: Es gibt andere Industriedenkmale in der Nähe, und deren Betreiber sagen dann: „Toll, da begeben wir uns ins Kielwasser und bekommen finanziell auch etwas ab." Die Politik aber konzentriert sich, auch weil die Finanzen knapp sind, auf die Zeche Zollverein. Das schafft Probleme, da es um den Denkmalschutz insgesamt geht. Wir brauchen in der Denkmalpflege in Deutschland nicht nur die Spitze der Pyramide, sondern auch eine breite Basis.

Moderator: *Das gebe ich gerne weiter an Professor Schallmayer. Sie sind ja auch der Landesarchäologe Hessens. Gesetzt den Fall, der Limes wird Weltkulturerbe: Bedeutet dies, dass in anderen Regionen Hessens Geld abgezogen wird?*

Schallmayer: Vordergründig könnte natürlich eine solche Gefahr bestehen. Wir hoffen aber darauf, dass mit der Limes-Anerkennung das Interesse auf die Denkmalpflege insgesamt gelenkt wird und aus diesem einen „Pars-pro-toto-Projekt" ein Synergieeffekt entsteht, der den Fokus der Aufmerksamkeit auch auf andere Denkmäler richtet. Das ist unser Kalkül. Über die öffentliche Wirkung von solchen Etiketten wie Weltkulturerbe wollen wir unseren Arbeitsbereich, die Denkmalpflege, die Archäologie insgesamt nach vorne bringen.

Schefers: Ich kann nur ausdrücklich unterstreichen, was Herr Schallmayer eben gesagt hat. Weltkulturdenkmäler sind nicht Leuchttürme in der Landschaft, auf die sich dann die Unterstützung, beispielsweise des Landes, konzentriert. Sie führen aber zu Veränderungen in der regionalen Wahrnehmung, nicht selten auch zur Konzentration auf eine bestimmte historische Epoche, die durch das Weltkulturdenkmal repräsentiert wird. Bei uns in Südhessen ist es die karolingische Kultur und deren Hinterbliebenschaften, die ins Blickfeld gerückt sind. Hier konnten wir an allen Liegenschaften, wo karolingisches Kulturerbe gepflegt wird, feststellen, dass sich die Besuchszahlen deutlich verändert haben, dass unsere Besucher darauf bedacht sind, Zusammenhänge zu ergründen.

Seit der Verleihung des Welterbestatus hat sich in Lorsch viel in der wissenschaftlichen Erforschung und in der Archäologie getan. Wir haben seit 1998 wieder archäologische Grabungen an dieser bedeutenden Kulturstätte. Es gibt seit 1995 ein Regionalmuseum am Ort. Und wir haben ein kleines, aber leistungsbereites Team vor Ort, das sich vor allem um die pädagogische Vermittlung bemüht: Da sprechen wir immerhin von derzeit 20 000 Kindern und Jugendlichen, die sich jedes Jahr mit der mittelalterlichen Klosterkultur beschäftigen wollen. Der Welterbestatus hat bei uns nicht bewirkt, dass sich ein großes Füllhorn öffnet. Vielmehr sind es auf Langfristigkeit angelegte wissenschaftliche Projekte, die jetzt Früchte tragen und den Grund für die künftige Weiterentwicklung legen.

***Moderator:** Wie ist es bei Ihnen, Herr Felchle? Weltkulturerbe bedeutet ja auch einen besonderen Schutz für das Objekt. Behindert das die wissenschaftliche Forschung?*

Felchle: Bei uns muss man zwei Dinge unterscheiden: Die UNESCO hat ja nicht nur die Klosteranlage als solche unter Schutz gestellt, sondern auch die zisterziensische Kulturlandschaft drum herum. Und da sind wir dann schnell bei Bodendenkmälern. Da geht es um Wassergrabensysteme und Ähnliches. Sicherlich ist es so, dass die Wissenschaft durch die Aufnahme in die Liste eindeutig profitiert hat. Soweit ich weiß, gab es zwei oder drei Sonderforschungsaufträge seit 1993. Wenn es Beschränkungen gibt, dann weniger für das Denkmal, sondern eher für das Leben im 21. Jahrhundert. Der dem Denkmalschutz und der Geschichte zugetane Andreas Felchle steht ein wenig dem Bürgermeister Andreas Felchle im Weg. Ich sehe mich in der problematischen Situation, dass, sollte dieses Wassergrabensystem sakrosankt werden, es in unserer Stadt mit ihren 6500 Einwohnern überhaupt keine Entwicklungsmöglichkeit mehr gibt. Dann ist die ganze Stadt eine einzige potenzielle Schutzzone. Und dann könnte die Situation kippen, und wir könnten Probleme mit den Bürgern und ihrem Verhältnis zur UNESCO-Welterbeliste bekommen.

Gab das Startzeichen und das Pausensignal: ein römischer Cornu-Bläser

Moderator: *Frau Starke, ist archäologische Forschung im Mittelrheingebiet ein Thema?*

Starke: Im Rheintal steht das nicht unbedingt an erster Stelle. Sicherlich wird es ein Thema im Bereich des Limes, weil wir dort ein Bodendenkmal haben, das in vielerlei Hinsicht einen Dornröschenschlaf führt. Ich will die Frage unter zwei Aspekten betrachten: Einmal ist die Forschung sicherlich gut und wichtig für die Wahrnehmung des Weltkulturerbes insgesamt. Auf der anderen Seite haben die Archäologen größte Bedenken, dass das Denkmal zu sehr bekannt wird, denn dann nimmt die Gefahr zu, dass sich Heerscharen von Hobbyarchäologen auf den Weg machen. Wir arbeiten deshalb an einem Konzept, wie man beides miteinander verknüpfen kann: zum einen die Dinge zu erkunden und zu bewerten und gleichzeitig das gefundene Kulturgut wirklich zu schützen.

Moderator: *Herr Rossmann, wie sieht es mit den Konflikt zwischen Archäologie und Stadtplanung in Köln aus?*

Rossmann: Das jüngste Beispiel ist der schiefe Turm von Köln. Die Stadt ist gerade dabei, einen U-Bahn-Schacht zu graben. Dabei ist es passiert, dass ein Kirchturm aus den frühen 60er Jahren des letzten Jahrhunderts in Schieflage geraten ist. Köln bemüht sich gleichzeitig darum, in der Forschung zur Gründung der römischen Stadt vorbildlich zu sein. Funde, wie etwa Mauerreste, werden z. B. in Kaufhäusern ausgestellt. Es wird daran gearbeitet, mit dem – so der bekannte Buchtitel von Rudolf Pörtner – „Fahrstuhl in die Römerzeit" fahren zu können und das unterirdische Köln zu erschließen. Da ist viel im Gang.

Moderator: *Herr Behrend, Sie haben gesagt, die IHK begrüßt die Anmeldung zum Weltkulturerbe. Aber Konflikte sind doch vorprogrammiert. Das kann entlang des Limes z. B. bei der Gewerbeansiedlung schwerlich immer gut gehen.*

Behrend: Konflikte sind sicherlich nicht immer auszuschließen, zum Beispiel, wenn es Funde in einem Gewerbegebiet gibt. Man wird auch nicht alles auf den Limes ausrichten können. Es muss aber darauf geachtet werden, dass die Funde der Nachwelt erhalten bleiben.

Moderator: *Haben Sie da ein Konzept, Herr Schallmayer?*

Schallmayer: Die Konfliktsituation, die Sie beschreiben, ist die Ausnahme. Ich halte es für unangebracht, der archäologischen Denkmalpflege immer den schwarzen Peter zuzuschieben. Wir bemühen uns darum, sehr früh in die Planungsprozesse eingebunden zu werden. Wenn eine Gemeinde ein Neubaugebiet ausweist und dies auch noch „Am Limes I", „Am Limes II" oder „An der Römerstraße" benennt, dann muss man davon ausgehen, dass die Planer gewusst haben, wo sie ihr Neubaugebiet hinlegen. Dann darf man nachher nicht erstaunt sein, dass eine Konfliktlage entsteht. Es gibt dann aber immer noch Instrumentarien, diese Konflikte zu entschärfen. Ich will das an einem Beispiel deutlich machen: Wir haben bei einer hessischen Gemeinde am östlichen Wetteraulimes folgende Situation erlebt: Da gab es eine Planung über den Limes hinweg. Prompt liegt eine Limesturmstelle im Baugebiet, die schon seit der Zeit der Reichslimeskommission, also seit 100 Jahren, bekannt ist. Wir verständigten uns mit den Verantwortlichen darüber, dass wir im Wege des Umlageverfahrens diesen Turmbereich aus dem Bebauungsgebiet herausnehmen. Der Ort der Turmstelle wird gestaltet und den Anwohnern verdeutlichen, dass sie an einer historischen Stätte leben.

Natürlich gibt es auch bei den Archäologen unterschiedliche Meinungen. Es gibt Kollegen, die wollen alles schützen. Es gibt andere, die sich dazu bekennen, dass wir nicht mehr in der historischen Landschaft von vor 2000 Jahren leben und wir auch die Gegenwart und Zukunft gestalten müssen. Ich glaube, es existiert eine Kompromisslinie, die zwischen Wirtschaft und Archäologie gesucht werden muss und die zu finden ist, wenn wir uns frühzeitig aufeinander zu bewegen. Wir sind darum bemüht. So arbeiten wir gegenwärtig daran, ein Kulturlandschaftskataster aufzubauen, damit man frühzeitig sieht, wo die denkmalpflegerisch relevanten Zonen sind.

Moderator: *Sie haben in ihrer Konzeption auch die Einbindung der Menschen vor Ort mit berücksichtigt. Ich glaube, das ist ein entscheidender Punkt.*

Schallmayer: Sollte der Limes Weltkulturerbe werden, darf man sich nicht damit begnügen, nur Informationstafeln zu installieren. Wir brauchen ein Veranstaltungsprogramm, das verschiedene Module haben muss. Es kann von der wissenschaftlichen Vermittlung des Themas reichen bis hin zu Installationen, Kabarett oder sogar musikalischen Darbietungen. In dieser Öffentlichkeitsarbeit sehen wir auch eine neue Schutzmöglichkeit. Denn je mehr Menschen informiert sind über ein archäologisches Denkmal, desto mehr steigt die soziale Observanz.

Moderator: *Ich habe in ihrem Konzept gelesen, dass Sie auch Schulen einbinden wollen?*

Begegnung mit der Geschichte: Römer mit Schulklasse

Schallmayer: Ja, natürlich, die Jugend ist ja unsere Zukunft. Wir suchen den Schulterschluss zur Kultusbürokratie. Archäologie ist die Wissenschaft, die sich mit einem Zeittraum von 4 bis 6 Millionen Jahren beschäftigt. Wir haben ein enormes Referenzpotenzial. Wir können viele Probleme lösen, wenn wir in die Schatzkiste historischer Erfahrungen greifen.

Moderator: *Wie läuft es bei ihnen, Herr Felchle? Wird es nicht schwierig in Maulbronn, wenn die zisterziensischen Wassergräben auch noch geschützt werden sollen?*

Felchle: Ich möchte gerne kurz über das Gute reden, weil wir sonst Gefahr laufen, den Weltkulturerbeprozess zu Tode zu problematisieren. Damit würde dieser Diskussion ein falscher Stempel aufgedrückt. Unterm Strich möchte ich daher ausdrücklich festhalten: Es gibt viel mehr Chancen als Risiken.

Die Auszeichnung Maulbronns hat z. B. dazu geführt, dass das Land Baden-Württemberg als Haupteigentümer des Klosters und die Stadt rund 25 Millionen Euro in die Sanierung des Komplexes gesteckt haben. Das Geld wäre sonst nicht geflossen. Unser Welterbestatus hat außerdem zu einer besser strukturierten Tourismus- und Wirtschaftsförderung geführt.

Die Maulbronner erleben ihr Kloster immer schon als ihre Herzenssache. Sie haben einen zusätzlichen Stolz entwickelt. Hin und wieder spürt man aber auch, dass man nicht nur Rechte und Vorteile hat, sondern auch Verpflichtungen ausgesetzt ist. Das geht manchmal ganz banal los, wenn es zum Beispiel bei großen Veranstaltungen zu Verkehrsstaus kommt. Extrem wird es, wenn es um die Bauleitplanung geht, das Hoheitsrecht der Kommunen.

Für dieses Konfliktfeld ist die Stadt Maulbronn ein gutes Beispiel. Durch die zisterziensische Kulturlandschaft sind wir stark betroffen. Fast alles ist Naturschutzgebiet. Was nicht Naturschutzgebiet ist, ist Landschaftsschutzgebiet geworden, was das überstanden hat, ist unter das Flora-Fauna-Habitat geraten. Wir sind völlig „umzingelt" von Schutzgütern. Das registrieren die Menschen natürlich. Man muss als kommunaler Politiker dann sehen, dass man den Ausgleich der Meinungen herbeiführt. Das gelingt aber unter dem Strich meistens. Es hängt davon ab, wie die Beteiligten miteinander umgehen.

Moderator: *Wie sieht es bei Ihnen in Lorsch aus, Herr Schefers?*

Schefers: Man kann die Erfahrungen der letzten Jahre sicherlich dahingehend zusammenfassen, dass sich hier eine besondere Wertschätzung in der lokalen und regionalen Bevölkerung entwickelt hat. Auswüchse gibt es natürlich auch. Vor allem, was die Veranstaltungskultur betrifft: Wir werden überwältigt von Eventveranstaltern, die das Welterbe als geeignete Kulisse für Nabucco, Aida oder Musicals ansehen. Hier gilt es gelegentlich zu bremsen. Aber das nur am Rande.

Wir merken auch, dass gerade bei kommunalen Bauvorhaben von den

Die zisterziensische Kolosteranlage Maulbronn

Kommunen das Gespräch mit uns gesucht wird, obwohl Lorsch nicht von Schutzzonen „umzingelt" ist. Wir sind in die Entwicklung der Bebauungspläne und langfristiger Planungsvorhaben immer schon in einem sehr frühen Planungsstadium einbezogen.

Und Weltkulturdenkmäler haben nach meiner Erfahrung vor allem die Chance, einen aktiven Part in Netzwerkbildungen zu spielen, die weit in die Region hineinwirken. Das reicht von Kooperationsmodellen, wie wir sie jetzt in Südhessen erproben, bis hin zu globalen Beziehungen.

Moderator: *Am Mittelrhein gab es im Vorfeld große Bedenken in der Bevölkerung. Haben die sich jetzt gelegt, Frau Starke?*

Starke: Die Akzeptanz ist gestiegen. Aber man sollte sich den Blick für die Realitäten bewahren. Wir haben im Mittelrheintal einen Raum, der auch unter der aktuellen demografischen Entwicklung zu leiden hat. Die Bevölkerung nimmt seit vielen Jahrzehnten ab, da eine umfassende gewerbliche Entwicklung im engen Rheintal nicht möglich ist. Um eine Kommune lebenswert und lebensfähig zu machen, brauchen Sie aber Menschen, die die Chance sehen, dort mit ihrer Familie zu leben.

Ich bin der Meinung, dass wir die Menschen nicht mit einem akademischen Anspruch, den diese nicht nachvollziehen können, überfordern sollten. Das Mittelrheintal ist in dieser Hinsicht nicht zu vergleichen mit einem Denkmal, das sich wie z. B. ein Kloster an nur einem Ort befindet. Wir mussten deshalb einen völlig anderen Ansatz wählen. Jeder Bürgermeister achtet darauf, dass sich seine Gemeinde entwickelt. Es ist daher eine ständige Güterabwägung zu treffen zwischen dem, was schützenswert ist, und dem, was kommunalpolitisch notwendig ist, damit die Familien im Rheintal ihr Auskommen haben.

Wir stellen dabei viele gute Entwicklungen fest. Ich hatte schon erwähnt, dass der Steillagenweinbau im Rheintal immer weiter zurückgeht. Es handelt sich um eines der ganz prägenden Elemente der Region. Es ist jetzt durch die Diskussionen über das UNESCO-Weltkulturerbe gelungen, verschiedene Fachdisziplinen, die sonst nebeneinanderher arbeiten, zusammenzuführen und die wenigen Finanzmittel synergetisch einzusetzen. Über die Landeskulturverwaltung ist in der Flurbereinigung eine Entwicklung eingeleitet worden, die erstaunlich ist. Wir haben es geschafft, dass junge Winzer sich bereit erklären, noch zwei oder drei Hektar Weinbergslagen hinzuzunehmen und zu bewirtschaften, obwohl sie daran vorerst nichts verdienen werden. Sie machen es, weil ihnen ihre Heimat etwas wert ist. Ich finde, das ist eine Aussage, die wichtiger ist als alle noch so wohl formulierten historischen Betrachtungen, die im stillen Kämmerlein gefasst werden. Entscheidend ist es, die Menschen mitzunehmen. Durch das Wissen, wir sind Weltkulturerbe, werden alte Gräben zugeschüttet und entstehen Kommunikationsprozesse, die ohne diesen Titel so nicht zustande gekommen wären.

Moderator: *Ist der Mittelrhein ein Vorbild für Sie, Herr Schallmayer?*

Schallmayer: Wir orientieren uns gerne an positiven Beispielen. Es entsteht ja gerade ein Netzwerk der Welterbestätten.

Moderator: *Sie gehen mit ihrer Konzeption direkt auf die Menschen zu?*

Schallmayer: Ja, für die Menschen machen wir es ja. Sie sollen sich in ihrer Landschaft heimisch fühlen. Menschen, die Wurzeln fassen, gehen anders mit ihrem Lebensraum und auch mit ihren Mitmenschen um. Es gibt also auch einen humanistischen Aspekt.

Moderator: *Herr Behrend, gibt es denn Erfahrungen aus anderen Bereichen, sodass man sagen kann, Weltkulturerbe ist* *ein touristischer Erfolg und belebt die regionale Wirtschaft?*

Behrend: Eine UNESCO-Weltkulturerbestätte zu sein, ist zunächst einmal eine Chance. Es schafft die Möglichkeit, eine Region zu vermarkten. Was aus dieser Chance gemacht wird, hängt von den Akteuren ab. Bei uns wird die Bedeutung des Tourismus oft noch unterschätzt. Hier im Hochtaunuskreis zum Beispiel hängen – das wissen die wenigsten – 5000 Beschäftigte nur vom Tourismus ab. Wenn man Erfolg haben will, muss man Projekte initiierten wie z. B. den Limeserlebnispfad. Auch auf politischer Ebene sollte bei einem so großen Projekt eine Zusammenarbeit angestrebt werden. Die Gastronomiebetriebe sollten ebenfalls mitmachen. Es gibt viele Erfolgsfaktoren.

Frage aus dem Publikum: *Entwickelt sich in den Orten im Umfeld einer Welterbestätte so etwas wie Regionalneid und die Angst, zu kurz zu kommen? Bekommen die Nachbarn auch etwas aus dem Topf der Denkmalpflege ab?*

Felchle: Ich kann nicht in die Köpfe meiner Kollegen blicken. Daher ist nicht auszuschließen, dass es unterschwellig auch so etwas wie Neid in einer Region gibt. Vordergründig passiert aber das Gegenteil. Es gibt eine regionale Verbundenheit, einen Stolz, ein Zugehörigkeitsgefühl über die Kommune hinaus. Das kann ich für unseren Landkreis und die Region Nordschwarzwald sagen. Was das Geld betrifft: Erstens: Was nach Maulbronn geflossen ist an zusätzlichen Mitteln, stammt nicht aus den typischen Töpfen des Landesdenkmalamts. Das waren im Landeshaushalt festgesetzte Baumittel. Daher gibt es keine Verknüpfung zu anderen kommunalen Denkmalprojekten. Es wird dem Denkmalschutz kein Geld entzogen, es fließen aber auch nicht zusätzliche Mittel. Die Aufnahme in die Welterbeliste bringt zweitens seitens der UNESCO materiell nichts. Ich sage es immer wieder: In einem reichen Staat wie der Bundesrepublik Deutschland ist die Aufnahme in die Welterbeliste Verpflichtung, nicht materielle Verbesserung.

Schefers: Ich kann das für Lorsch nur bestätigen. Das ist bei uns ähnlich, auch was die Mittel betrifft. Es sind alles Gelder aus dem Landeshaushalt. Es gibt auch keinen Neid bei den Kommunen im Kreis Bergstraße. Das hängt nicht zuletzt mit der historischen Bedeutung des Klosters Lorsch zusammen, das für die ganze Region identitätsstiftend ist – ein über die Jahrhunderte bewusst gebliebenes Faktum. Ich glaube eher, dass unsere Nachbarn vom Welterbestatus profitieren. Es gibt in Südhessen jetzt den UNESCO-Geo-Naturpark Bergstraße-Odenwald, mit dem wir eine enge und gute Kooperation haben. Bei der Vermittlung zwischen den Interessen der Kreise Bergstraße und Odenwald versteht sich die Welterbestätte gelegentlich auch als Moderator zwischen konkurrierenden regionalen Partikularinteressen. Geschichte liefert oft unglaublich starke Argumente für Kooperationen und immer wieder neue Anhaltspunkte für regionale Identitätsbildung.

Rund 120 Zuhörer waren zum Symposium in das Saalburgkastell gekommen

Rossmann: Ich muss leider etwas Wasser in den Wein gießen. Sie sagen, es gibt keine zusätzlichen Mittel. Aber es gibt eine Art Umwegrentabilität. Die Tatsache, dass ein Ort Weltkulturerbe ist, führt dazu, dass mehr Besucher kommen, die mehr Geld ausgeben, sodass es in der Gemeinde höhere Einnahmen gibt, die wieder zum Teil für die Kultur verwendet werden können. Ich habe manchmal den Eindruck, der Titel „Weltkulturerbe" wird als eine Art Allround-Schutz verstanden. Wenn man den einmal hat, kann einem eigentlich nichts mehr passieren.

Mich interessiert aber auch die Ebene darunter. Deutschland wäre doch ein armes Land, wenn nur die 30 Weltkulturerbestätten bedeutende Denkmale wären. Es gibt doch auch besonders Clevere, die nur schneller waren als andere. Warum ist eigentlich der Kölner Dom Weltkulturerbe und das Freiburger Münster nicht? Warum ist zum Beispiel der Schlosspark von Schwetzingen kein Weltkulturerbe, aber der von Muskau? Was die Kooperationen anbelangt: Auch da gibt es anders geartete Beispiele. Ich möchte noch einmal Köln erwähnen. Dort ist klar geworden, dass die Investoren ein anderes Interesse haben als die Kirche, als der Denkmalschutz, als die UNESCO und – leider und unverständlicherweise auch – als die Stadtspitze von Köln. Es existieren auch Asymmetrien: Der Landschaftsverband Rheinland als öffentliche Körperschaft lässt den Hochhausbau zu und ist selbst Bauherr, gleichzeitig gehört zu seinen Dienststellen das Rheinische Amt für Denkmalpflege. Der Landeskonservator kann jeden kleinen Fachwerkhausbesitzer bis aufs Blut schikanieren. Der Hausbesitzer sieht gleichzeitig, dass die Dachbehörde des Landeskonservators ein Monstrum ins

Rheintal hineinstellt. Wenn derart mit zweierlei Elle gemessen wird, leidet der Denkmalschutz. Die öffentliche Hand gibt dafür viele Beispiele.

Moderator: *Herr Schallmayer, Sie sind damit angesprochen. Bei 150 Gemeinden, die im Einzugsbereich des Limes liegen, kommt viel Arbeit auf die Denkmalpflege zu.*

Schallmayer: Wir haben zunächst einmal kreisweit Gespräche geführt. Wir sind mit Vorschlägen in diese Gesprächsrunden hineingegangen und haben versucht, wirklich alle Partner mit ins Boot zu bekommen – von den Denkmalpflegern, den Eigentümern, den Verwaltungen bis hin zu den „grünen" Behörden. Ich glaube, das ist auch im Großen und Ganzen gelungen. Wenn der Limesentwicklungsplan dann vor Ort umgesetzt wird, ist es nicht ausgeschlossen, dass auch Konfliktsituationen entstehen. Wir haben versucht, dies im Vorfeld möglichst abzufedern. Die gesetzliche Grundlage unseres Handelns bleibt das Hessische Denkmalschutzgesetz. Diese gesetzliche Grundlage gilt, egal ob der Limes Weltkulturerbe wird oder nicht. Mit dem Titel Welterbe bekommt das alles natürlich eine besondere Wertigkeit, weil die Sozialkontrolle stärker einsetzt. Was wir jetzt brauchen, ist eine Ebene, von der aus ein Weltkulturerbe Limes gesichert wird. Dazu bietet sich z. B. die Regionalplanung an. Dort könnten Schutzzonen ausgewiesen werden.

Moderator: *Versuchen wir ein kleines Fazit. Wir haben gemerkt, welche Probleme sich auftun, wenn man den Titel Weltkulturerbe anstrebt. Wir haben auf der anderen Seite auch gehört, dass es sinnvoll ist, sich frühzeitig mit allen Betroffen auseinander zu setzen. Das Konfliktpotenzial kann man nicht leugnen, aber das Label Weltkulturerbe bietet auch ganz große Chancen.*

Frage aus dem Publikum: *Wenn es Schutzzonen geben soll, könnten dann z. B. Windkraftanlagen abgewendet werden?*

Schallmayer: Das ist letztlich eine Güterabwägung. Wenn es zu einem Dissens kommt, wird das Regierungspräsidium zu entscheiden haben.

Frage aus dem Publikum: *Ich habe eine Frage an Frau Starke. Der Titel Weltkulturerbe ist mehr eine moralische und weniger einer rechtliche Kategorie. Wie bekommen Sie diesen Spagat hin zum Denkmalschutz des Landes Rheinland-Pfalz?*

Starke: Wir versuchen Strukturen zu bilden, die die Kommunen in die Lage versetzen, Planungen aufeinander abzustimmen. Es wird sich im Laufe des Jahres, spätestens Anfang 2005 ein kommunaler Zweckverband bilden, wo die Verbandsgemeinden, Landkreise, die Länder Rheinland-Pfalz und Hessen und die Nachbarkommunen aus Hessen Mitglieder sein werden. Eine Zielsetzung dieses Zweckverbandes ist es unter anderem, die Gemeinden in die Lage zu versetzen, eine gemeinsame Flächennutzungs- und Bauleitplanung zu machen. Was wir nicht haben, ist der große juristische

Knüppel. Ich warne aber auch davor, das Weltkulturerbe als Vehikel zu benutzen, um Planungen zu verhindern. Nichts wäre schlimmer, als zu versuchen, Dinge ex cathedra durchzusetzen. Dann kommen Sie schnell in die Situation, alles nur noch über den „goldenen Zügel" regeln zu können, also über Geld. Irgendwann wird dann der Begriff „Weltkulturerbe" negativ belegt sein. Wir müssen für Akzeptanz kämpfen und uns der Instrumente bedienen, die vorhanden sind. Wichtig ist es, die politisch Verantwortlichen zu informieren über das, was Sie an kulturellen Schätzen haben.

Moderator: *Ich würde gerne am Tisch eine Probeabstimmung durchführen. Herr Rossmann, wird der Limes Weltkulturerbe?*

Rossmann: Ich denke schon, dass der Limes Weltkulturerbe wird. Ich finde an dieser Stätte eines sehr spannend, nämlich dass es ein dezentrales und polyzentrisches Weltkulturerbe sein wird. Es wird viele Stellen geben, wo man dieses Kulturerbe besichtigen kann. Das ist ein spannender Punkt in der Kooperation zwischen den Bundesländern und den Kommunen. Da muss sich jeder etwas Eigenes einfallen lassen, damit einem nicht überall die gleichen Vermittlungsweisen begegnen. Daher wird es ein Weltkulturerbe sein, das sich wieder ganz anders aufstellt und nicht vergleichbar ist mit monolithischen Weltkulturerbestätten.

Behrend: Ich sehe auch, dass die Chancen die Risiken deutlich übersteigen. Wichtig ist, was man aus der Auszeichnung macht. Das hängt von den politischen Akteuren ab und denjenigen, die die Region vermarkten.

Schefers: Ich bin mir auch ganz sicher, dass der Limes Weltkulturdenkmal wird, weil hier gerade das Länderverbindende eine Rolle spielt. Ich möchte noch weiter gehen und auf die Chance verweisen, auf internationaler Ebene Bezüge zu schaffen. Es gibt auf dieser Ebene kaum ein Bodendenkmal in Europa, das dazu besser geeignet wäre als der Limes.

Starke: Die Signale sind so positiv, dass man die Frage mit einem klaren Ja beantworten kann. Außerdem wäre es gerade für diejenige Gemeinde, in der der Limes beginnt, nämlich in Rheinbrohl, geradezu tragisch, wenn es nicht zur Anerkennung käme. Dort hat man inzwischen schon die „Limes-Torte" patentieren lassen, mit Palisaden aus Schokolade. Es wäre schrecklich, wenn diese Erfindung nicht zum Tragen käme.

Felchle: Ich spiele kurz den Advocatus Diaboli. Als unmittelbar Beteiligter und Stellvertretender Vorsitzender des UNESCO-Welterbestätten e.V. könnte ich zu dem Ergebnis kommen, dass jetzt endlich Schluss sein muss mit dieser Welterbeinflation. Jede weitere Welterbestätte senkt den Wert derer, die schon auf der Liste sind. Sagen wir daher so: Lassen wir noch den Limes drauf und machen dann Schluss. Es gibt viele Grunde, die dafür sprechen. Außerdem habe ich große Sympathie für die großartige Ära der Römer. Es ist auch für die beteiligten Länder eine gute Sache. Und wenn es noch eines weiteren Grundes bedarf, dann ist es dieser heutige Tag. Ich habe ein paar Leute kennen gelernt, die haben es unbedingt verdient, bei denen zu sein, die sich um das Welterbe kümmern. Auf eines bin ich gespannt: Was schon im Mittelrheintal eine echte Herausforderung ist, zum Beispiel die Frage, wer ist derjenige, der für die neue Welterbestätte steht, wird auf den 550 Kilometern Limes noch viel interessanter. Ich bin gespannt, wie die Außenrepräsentation gelingt. Es kann ja nicht sein, dass jede der 150 Gemeinden von sich behauptet, sie sei Welterbestätte.

Schallmayer: Das, was an Signalen aufzunehmen war und an Vorarbeiten geleistet wurde, sieht viel versprechend aus. Unsere Chancen steigen auch, weil wir uns an das bestehende Weltkulturerbe Hadrian's Wall anbinden. Diese Internationalisierung des Antrags, den die UNESCO selbst vorgeschlagen hat, lässt mich der UNESCO-Entscheidung hoffnungsfroh entgegensehen. Das grenzübergreifende, europäische Element, das bei unserem Antrag zum Ausdruck kommt, unterstreicht die Wertigkeit des gesamten Antrags. Wir tun nicht nur etwas für unser Land, sondern für Europa und die Völkergemeinschaft. Ich gehe davon aus, dass wir in der zweiten Juli-Woche 2005 auf der Saalburg einen großen Freudenschrei loslassen werden und feiern.

***Moderator:** Ich stelle fest: Die nicht repräsentative Befragung hat ein Ergebnis von 6 zu 0 für den Limes ergeben!*

Andreas Thiel

Auf einer Stufe mit Pompeji und Stonehenge: Der Limes auf dem Weg zum UNESCO-Weltkulturerbe/Chancen für Forschung und Tourismus

Die erhaltenen Reste der einstigen römischen Grenze zwischen Rhein und Donau, des Limes, gehören zu den größten und bedeutendsten archäologischen Denkmalen. Der Limes symbolisiert wie kein anderes Monument das Aufeinandertreffen der Welt der klassischen Antike mit den einheimischen Kulturen Mittel- und Nordeuropas und ist so bereits heute Teil des europäischen Kulturerbes. Entlang bzw. hinter dieser Kontaktzone quer durch das heutige Deutschland verschmolzen weite Teile Europas zu dem gemeinsamen Kultur- und Wirtschaftsraum des ehemaligen Römischen Reiches. Mit der angestrebten Aufnahme in die UNESCO-Welterbeliste wird der Limes an die Seite so bekannter archäologischer Plätze wie Pompeji oder Stonehenge gestellt.

Die Welterbeliste der UNESCO

Kultur- und Naturerbe der Menschheit zu schützen, liegt nicht allein in der Verantwortung eines einzelnen Staates, sondern ist Aufgabe der Völkergemeinschaft. Dies ist die Kernaussage der UNESCO-Welterbekonvention, die am 16. November 1972 unterzeichnet wurde, eines der erfolgreichsten Programme seit Gründung der Vereinten Nationen. Die Bundesrepublik bekennt sich seit 1976 zu den Idealen des Welterbes und anerkennt seine Wichtigkeit für den Schutz dieser Denkmale. Zum Erbe der Welt gehören mittlerweile 730 Kultur- und Naturstätten in 125 Staaten der Erde. In Deutschland sind es 27, davon mit der Grube Messel und dem Kloster Lorsch auch zwei in Hessen.

Das „Übereinkommen zum Schutz des Kultur- und Naturerbes der Welt" ergänzt nationale Schutz-Programme. Die jeweiligen Staaten benennen selbst geeignete Kultur- und Naturstätten zur Aufnahme in die UNESCO-Liste. Sie gehen damit die Verpflichtung ein, im Rahmen ihrer Möglichkeiten den Bestand und die Wertigkeit des angemeldeten Gutes zu erhalten. Die Verantwortung bleibt daher auch weiterhin vor Ort, neu ist allerdings eine gleichsam offizielle Verpflichtung gegenüber der gesamten Menschheit. Eine finanzielle Unterstützung durch die Vereinten Nationen ist damit in der Regel nicht verbunden. Die Anträge der einzelnen Staaten werden durch eine internationale Gutachter-Kommission genau geprüft, nur die aus internationalem Blickwinkel hervorragenden Güter werden in die Liste aufgenommen. Insgesamt dürfen weltweit jährlich lediglich dreißig Neuanträge vorgelegt werden. Über eine Aufnahme entscheidet das UNESCO-Welterbekomitee, das aus 21 jeweils für sechs Jahre gewählten Vertretern der Mitgliedstaaten besteht. Es entscheidet, ob die vorgeschlagenen Stätten die in der Konvention festgelegten Kriterien erfüllen. Hierzu zählen „Einzigartigkeit" und „Authentizität" (historische Echtheit) eines Kulturdenkmals. Der Internationale Rat für Denkmalpflege (ICOMOS) berät das Welterbekomitee bei seiner Arbeit.

Der Limes, Kulturerbe der Welt?

Im Februar 2004 stellte die Bundesrepublik Deutschland im Namen der vier Länder Baden-Württemberg, Bayern, Hessen und Rheinland-Pfalz beim Welterbe-Büro der UNESCO in Paris den Antrag zur Aufnahme des Obergermanisch-Raetischen Limes in die Liste der Kulturgüter der Menschheit. Diesem Schritt gingen über vier Jahre Vorbereitungen und inhaltliche Abstimmungen voraus.

Der Antrag beschränkt sich auf die äußere Limeslinie, den sog. Vorderen Obergermanisch-Raetischen Limes, also die Grenzlinie, die in der Zeit zwischen rund 100 n. Chr. und 260 n. Chr. bestand und die größte Ausdehnung der beiden römischen Provinzen Obergermanien (Germania superior) und Raetien (Raetia) markiert. Gegenstand der Anmeldung sind der Verlauf von Palisade, Graben und Wall bzw. Mauer, die bekannten oder vermuteten Standorte der Wachttürme und Kleinkastelle sowie alle in der letzten Ausbauphase existierenden Kastellplätze. Ebenfalls wurden zusätzliche Bestandteile des Limes, wie die ihn begleitenden Straßenzüge und die Zivilsiedlungen der verschiedenen Kastelle, mit aufgenommen. Insgesamt umfasst das Denkmal „Limes" so zirka 120 kleinere und größere Kastellorte, knapp 900 Wachttürme und – entlang des eigentlichen Limesverlaufs – ein durchgehendes Band der Grenzsperren von 550 km Länge. Die Größe eines künftigen Welterbes Limes wird zusammengenommen rund 250 km² Fläche umfassen und beträgt damit im Vergleich knapp 1/5 der Fläche des Naturparks Taunus mit über

1200 km^2. Der große Unterschied zu anderen Schutzgebieten ist jedoch die Tatsache, dass sich die römischen Grenzanlagen auf über 150 Kommunen und gut 20 Landkreise in vier Bundesländern verteilen.

Als archäologische Stätte liegt der Wert des Obergermanisch-Raetischen Limes nicht nur in seinen oberirdisch erkennbaren Abschnitten, sondern insbesondere in seinem unsichtbar im Erdreich erhaltenen historischen Potenzial. Bei der Abfassung des Antrags wurden daher große Anstrengungen unternommen, um anhand alter Fundberichte sowie moderner Untersuchungsmethoden im Erdreich die genaue Ausdehnung und Lage der erhaltenen römischen Strukturen ausfindig zu machen, zu beschreiben und zu kartieren. In jedem Bundesland waren hierzu in den vergangenen Jahren Spezialisten vor Ort und in den Archiven unterwegs. Ein wichtiges Resultat der Arbeit dieser „Limesbegeher“ ist nun u. a. ein digitales geographisches Informationssystem (GIS), das alle Angaben zum Limes in leicht abrufbarer Form bereithält. Die Nutzung dieser „Limesdatenbank“ im Internet wird es zukünftig möglich machen, die vorhandenen Erkenntnisse zum Limes rasch abzurufen und an Interessierte weiterzugeben. Bereits diese Dienstleistung ist ein großer Fortschritt sowohl für die tägliche Arbeit der Denkmalpflege als auch beispielsweise für den Tourismus.

In anderen europäischen Ländern besteht ebenfalls Interesse, die jeweiligen Abschnitte der römischen Grenzanlagen in das Weltkulturerbe eintragen zu lassen. Vorbereitungen für eigene Anträge laufen gegenwärtig bereits in Österreich, der Slowakei sowie Ungarn. Da außerdem bereits Hadrians Wall in Nordengland seit 1987 als Welterbestätte anerkannt ist, reiften Pläne zu einer internationalen Zusammenarbeit auf europäischer Ebene. Ihr Ziel ist ein durchgehendes Weltkulturerbe „Grenzen des Römischen Reiches“ zwischen Nordsee und Schwarzem Meer, das bis zu einem Dutzend einzelner Staaten vereinen soll. Der deutsche Antrag ist daher abschließend als Ergänzungsantrag zum bestehenden Weltkulturerbe Hadrians Wall formuliert worden. Die römischen Grenzabschnitte in Großbritannien und in Deutschland können damit die ersten beiden Bestandteile dieses multinationalen Welterbes bilden.

Der Antrag zur Aufnahme

Unabhängig davon, ob die geplante Aufnahme des Limes in den illustren Kreis der Stätten von weltweit einzigartiger Bedeutung Erfolg haben wird oder nicht, ist es notwendig, sich Gedanken um die Zukunft von Deutschlands größtem archäologischen Denkmal zu machen. Jeden Tag wird in Deutschland eine Fläche von 120 ha Größe durch neue Verkehrswege, Gewerbe- oder Wohnbauten versiegelt. Zumeist ist damit eine Zerstörung der im Boden liegenden archäologischen Denkmale verbunden. Sie sollten zumindest in Form einer wissenschaftlichen Dokumentation der Nachwelt erhalten bleiben. Funde sind sachgerecht zu bergen und in

Museen zu bewahren. In geschichtsträchtigen Regionen wie z. B. der Wetterau bedeutet dies eine enorme Herausforderung für die Bodendenkmalpflege.

Auch der Limes hat in den letzten einhundert Jahren seit seiner ersten vollständigen Beschreibung durch die Reichs-Limeskommission (1892–1937) zum Teil gravierende Substanzverluste erfahren. Trotz ihrer zahllosen Einzelbestandteile und ihrer Ausdehnung stellt auch die römische Reichsgrenze keine unbegrenzt verfügbare „Ressource“ dar. Insbesondere die Erfahrbarkeit der einst lückenlos verlaufenden Sperranlagen schwindet durch immer neue, auch kleinere Eingriffe. Schutz – insbesondere in Form einer denkmalverträglichen Entwicklung und Nutzung – muss daher höchste Priorität in der Zukunft haben.

Die Fachämter für Denkmalpflege sind bereits jetzt bei allen Maßnahmen entlang des Limes als Dienstleister in die Pflicht genommen, den historischen Ort zu bewahren. Die „Deutsche Limes-Straße e. V.“ versucht, den Limes für Besucher noch attraktiver zu machen; Naturparks, Forstbehörden, vor allem aber Kreise und Kommunen übernehmen die Pflege und Präsentation der Limesabschnitte in ihrer Zuständigkeit; Vereine, Schulen und Privatleute identifizieren sich mit ihrem unmittelbaren Lebensraum und machen die Antike in zahllosen Aktionen für kurze Zeit wieder lebendig. Eine Vielzahl ergänzender Maßnahmen wäre aber notwendig. Den Antrag zur Aufnahme des Obergermanisch-Raetischen Limes in die Liste des Weltkulturerbes begleitet daher ein Schutz- und Entwicklungskonzept, der so genannte Management-Plan. Er soll:

1) nach Möglichkeiten suchen, alle kommenden Veränderungen zum Nutzen des Limes und seines Umfeldes zu steuern und so seinen Bestand für zukünftige Generationen sichern.
2) den generellen Charakter des Ortes erhalten und historische Zusammenhänge reaktivieren.
3) durch zukunftsorientierte und integrierende Entwicklungsmöglichkeiten die Vitalität der unterschiedlichen Landschaften am Limes erhalten.
4) öffentliche und private Ressourcen ausschöpfen, um den Schutz und die Entwicklung der Landschaften am Limes zu verbessern.
5) nach Möglichkeiten suchen, die sensibelsten Bereiche und Orte von modernen Bauten oder landwirtschaftlicher Nutzung zu befreien.
6) in der Öffentlichkeit Verständnis entwickeln für den archäologischen und historischen Wert der einzelnen Plätze ebenso wie des gesamten Limes.
7) die Erfahrbarkeit des Limes hinsichtlich seines Erscheinungsbildes und der Vermittlung in Medien und Bildung verbessern.
8) die Zugangsmöglichkeiten für Besucher zum und entlang des Limes verbessern.
9) sicherstellen, dass sich die ökonomischen Vorteile des Tourismus am

Limes zum Vorteil der vor Ort lebenden Anwohner vergrößern.

10) versuchen Partnerschaft und Übereinstimmung unter denjenigen zu entwickeln, die sich öffentlich oder privat mit dem Limes und seiner Umgebung befassen.

Die skizzierten Strategien, die eine angemessene Betreuung langfristig sichern sollen, greifen im Einzelnen bekannte und bewährte Rezepte auf:

Verantwortung der Anrainer

Wie bei jedem Kulturgut ist auch der Schutz des Limes auf die Bereitschaft aller Beteiligten angewiesen. Tagtäglich haben sich die bestehenden gesetzlichen, vertraglichen oder traditionellen Schutzmechanismen zu bewähren. Der Limes ist bereits heute als Bodendenkmal geschützt, an zahlreichen Orten kommen erfolgreiche Kooperationen mit öffentlichen oder privaten Institutionen hinzu. Beratung der Eigentümer und frühzeitige Beteiligung an Planungsverfahren spielen die Hauptrolle in der Abwehr möglicher Gefährdungen. So ruht die Abwägung zwischen den wirtschaftlichen oder verkehrstechnischen Vorteilen eines Planungsvorhabens und seinen Nachteilen für betroffene Denkmale in der Verantwortung der Anrainer. Der Schutz eines so ausgedehnten Objektes wie des Limes kann keine „Käseglocke“ oder nur Aufgabe von Spezialisten sein. Dafür ist sein Verlauf zu stark eingebunden in das Siedlungsgefüge der heutigen Kulturlandschaft und damit untrennbarer Teil ihrer beständigen Fortentwicklung geworden.

Von den internationalen Standards seien nachfolgend die wichtigsten genannt: Eine unkontrollierte Zerstörung der Bodendenkmale entlang des Limes durch die Tätigkeit privater „Hobby“-Schatzgräber darf es nicht mehr geben; Neubauvorhaben im Denkmalbereich müssen im Vorfeld sorgfältig auf Alternativstandorte geprüft werden; unabwendbare Substanzverluste sind auf den kleinstmöglichen Eingriff zu reduzieren; jede Baumaßnahme ist in Form einer wissenschaftlich vorbildlichen Untersuchung zu begleiten und zu dokumentieren; langfristig ist vor allem dem Flächenankauf, einer möglichst schonenden Bewirtschaftung und der Ausweisung von archäologischen Reservaten verstärkt Aufmerksamkeit zu schenken.

Häufig sehen Kommunen und Kreise die Betreuung des Limes vor allem als Verpflichtung und weniger als Chance. Sicherlich sind die Ansprüche an Landschaftsplaner, Sachverständige und Bauherren, negative Beeinträchtigungen auszuschließen, generell hoch und werden bei einem Weltkulturerbe Limes weiter wachsen. Bei jedem Eingriff in die Substanz des Limes oder die ihn umgebende Landschaft sind zuerst Lösungen anzustreben, die der Rolle oder der Erfahrbarkeit nicht schaden, die dem Limes innerhalb seiner Umgebung heute noch zukommt. Das kann so weit gehen, zunächst auch vermeintliche wirtschaftliche Nachteile in Kauf zu nehmen, um das archäologische Potenzial eines Platzes zu erhalten. Aber auch ein archäologisches Denkmal ist langfristig Faktor einer gesamtwirtschaftlichen Kostenrechnung. So bildet der Limes bereits heute vielerorts ein wesentliches Charakteristikum der (Kultur-)Landschaft und dient regional oder lokal der Identifikation. Dort wo es gelingt, „meinen Limes“ als Wert schätzen zu lernen, ist der Schritt hin zu einem „weichen Standortfaktor“ nicht weit und wird zunehmend auch erkannt.

Verantwortung der Forschung

Zahlreiche offene Fragen gestatten es nicht, die wissenschaftliche Aufmerksamkeit vom Limes zu lösen. Um sinnvoll Limesforschung zu betreiben, reichen jedoch heute häufig gezielte Untersuchungen sehr kleiner Bereiche aus. Insgesamt stellen Ausgrabungen nur einen möglichen Aspekt der archäologischen Forschung dar. Vor ihrem Einsatz müssen alle vorhandenen zerstörungsfreien Informationsquellen ausgeschöpft sein. Bekannte Beispiele sind Luftbildarchäologie und Geophysik. Neben (naturwissenschaftlicher) Prospektion sollte dabei auch die Auswertung der zum Teil umfangreichen Archivbestände gestärkt werden.

Aus streng wissenschaftlicher Sicht finden Ausgrabungen immer zu früh statt. Denn unabhängig davon, wie spektakulär eine in der Vergangenheit gelungene Entdeckung war, stets bleibt die Frage, welchen zusätzlichen Erkenntnisgewinn eine Untersuchung mit noch moderneren archäologischen Methoden hätte erbringen können. Schließlich werden sich die wissenschaftlichen Voraussetzungen auch in Zukunft weiter verbessern. Durch den Fortschritt in den naturwissenschaftlichen Prospektionsmethoden sind bereits heute zerstörungsfreie Untersuchungen möglich, bei denen die im Boden befindlichen Strukturen nicht angetastet werden. Aus diesen Gründen ist es bereits seit langem ein Ziel der Denkmalpflege, archäologische „Reservate“ zu erhalten, die bewusst auch von dem sinnbildlichen Spaten verschont bleiben sollen. Bewahren archäologischer Reservate für künftige Forschungen mit verbesserten Erkenntnismöglichkeiten ist die Devise.

Auch unter dieser Prämisse bleibt genug zu tun. Ausgrabungen sind auch letztes „Rettungs“-Mittel, wo die Zerstörung eines Objektes durch anderweitige Ursachen bereits unvermeidbar ist. Dort, wo dem öffentlichen Interesse nach Erhalt eines Denkmals ein anderes, übergeordnetes öffentliches Interesse entgegensteht, beispielsweise im Verkehrswegebau, wird es auch an einem Weltkulturerbe Limes zu Zerstörungen kommen. Im Rahmen der zuvor durchgeführten Rettungsgrabung werden Funde sachgerecht geborgen und zusammen mit einer schriftlichen und bildlichen Dokumentation des Denkmals für die Nachwelt bewahrt. Der unwiederbringliche Verlust ist nur dann zu rechtfertigen, wenn eine Ausgrabung ein möglichst hohes Niveau der Untersuchung gewährleistet und beste Qualität der erzielbaren Ergebnisse sicherstellen kann.

Verantwortung in der Präsentation

Der Tourismus sowohl entlang des Limes selbst als auch in den verschiedenen Museen ist ein wesentliches Element für ein langfristig erfolgreiches Denkmal-Management. Der Wert, den die Öffentlichkeit dem Limes zubilligt, drückt sich indirekt auch in der Zahl seiner Besucher aus. Daher ist die Präsentation des Limes das dritte Standbein des Management-Plans zum Weltkulturerbe-Antrag. Hierbei gilt es, den Erfordernissen des Tourismus gerecht zu werden und gleichzeitig in eine für das Denkmal angemessene, möglicherweise sogar nützliche Form zu bringen.

Mit dem Archäologischen Park Römerkastell Saalburg besitzt gerade der Limesabschnitt im Taunus bereits ein zentrales und mustergültiges Vermittlungszentrum von überregionaler Bedeutung. Gestaltungsbedarf besteht hingegen sicherlich in der Präsentation der verschiedenen Einzeldenkmale entlang der Limesstrecke. Nicht überall wird dem Besucher Verlauf und Gestalt des römischen Grenzwalls und seiner Wachttürme gleichermaßen deutlich. Eine durchgehende Kennzeichnung der Limesstrecken hat Vorrang vor isolierten Maßnahmen an einzelnen Objekten. Vielerorts sind unterstützende Maßnahmen in Form von Beschilderungen notwendig, gelegentlich auch in Form von Rekonstruktionen. Aber auch hierbei sind Lösungen auf einheitlichem, möglichst hohen Niveau anzustreben. Je besser die Erhaltung eines Limesabschnitts ist, desto behutsamer sind allerdings rekonstruierende Maßnahmen einzusetzen. Dort wo der Limesverlauf noch einen wesentlichen Bestandteil der heutigen Kulturlandschaft bildet, wie in vielen Abschnitten entlang des Taunuskamms, sollte das Denkmal in unveränderter Form für sich selbst sprechen. Selbst eine unangemessen starke Beschilderung kann hier schädlich sein. Aber auch in solchen Abschnitten, wo der Limes oberirdisch nicht mehr erfahrbar ist, muss sein Erhalt langfristig sichergestellt sein. Um dies zu erreichen, kann es im Einzelfall auch sinnvoll sein, seine Erfahrbarkeit durch gezielte, rekonstruierende Maßnahmen zu verbessern. (Da es sich dabei allerdings im strengen Wortsinne nicht um Rekonstruktion handeln kann, weil wir viel zu wenig über das Aussehen der römischen Gebäude wissen, sollte eher von Nachbauten gesprochen werden.) Für die Gestaltung und die Positionierung derartiger Nachbauten gibt es bereits internationale Empfehlungen, die ebenfalls Eingang in den Management-Plan zum Limes fanden.

Chancen eines Antrags

Es ist schwer vorherzusagen, wie groß die Chance für eine Aufnahme eines so „sperrigen" Großdenkmals wie des Limes in die Liste der Welterbestätten sein wird. Sicherlich ist Fachleuten der hohe historisch-wissenschaftliche Stellenwert des Limes gut vermittelbar. Wesentlich wichtiger wird es jedoch sein, dass im internationalen Vergleich Bereitschaft und Möglichkeiten aller Beteiligten erkennbar werden, den Limes zu bewahren und angemessen zu präsentieren. Orientierung bieten hier die Vorgaben bestehender Welterbestätten im In- und Ausland. Die dortigen Standards in der Denkmalpflege und der touristischen Darstellung sind gleichsam die Mindestvoraussetzung.

Literatur:

- Dietwulf Baatz, Der römische Limes. Archäologische Ausflüge zwischen Donau und Rhein. 4. Aufl. (Berlin 2000).
- Thomas Becker/Stefan Bender/Martin Kemkes/Andreas Thiel, Der Limes zwischen Rhein und Donau. Ein Bodendenkmal auf dem Weg zum UNESCO-Weltkulturerbe. Archäologische Informationen aus Baden-Württemberg 44 (Stuttgart 2001).
- Margot Klee, Der Limes zwischen Rhein und Main (Stuttgart 1989).
- Dieter Planck, Der römische Limes als Aufgabe der Bodendenkmalpflege. In: Denkmalpflege in Baden-Württemberg 10, 1981, 1 ff.
- Britta Rabold/Egon Schallmayer/Andreas Thiel, Der Römische Limes. Die Deutsche Limes-Straße vom Rhein bis zur Donau (Stuttgart 2000).
- Vera Rupp/Guntram Schwitalla, Neue Beziehungen zwischen Kelten, Römern und Amerikanern in der Wetterau. In: Denkmalpflege und Kulturgeschichte 2/2000, 61 ff.
- Hartwig Schmidt, Archäologische Denkmäler in Deutschland. Rekonstruiert und wieder aufgebaut. Sonderheft der Zeitschrift „Archäologie in Deutschland" 2000, bes. 11 ff. u. 96 ff.
- Andreas Thiel, Das Schutz-, Forschungs- und Entwicklungskonzept für den obergermanisch-raetischen Limes. Kern eines Management-Plans für ein mögliches archäologisches Welterbe. In: Archäologisches Nachrichtenblatt, Band 8, 2/2003, 169 ff.

Thomas Richter

Der Limeserlebnispfad Hochtaunus: Ein Projekt zur Aufwertung des römischen Erbes im Taunus

Der Limes auf dem Weg zum Weltkulturerbe? – so lauten seit einigen Jahren immer wieder Überschriften von Zeitungsartikeln, die sich mit den Bemühungen zur Aufnahme des Limes in die Liste des UNESCO-Weltkulturerbes beschäftigen (Abb. 1).

(Abb.1) Der Hadrianswall in Schottland ist bereits Weltkulturerbe. Der Limes in Deutschland soll diese Welterbestätte erweitern. Fernziel ist die Aufnahme aller römischen Grenzen als gemeinsames Welterbe „Grenzen des Römischen Reiches"

Auch wenn der Ausgang des Antragsverfahrens noch immer unklar ist – mit einer Entscheidung wird für das Jahr 2005 gerechnet – lassen sich die positiven Folgen allenthalben spüren.

Durch die ausführliche Berichterstattung in den Medien hat das Bewusstsein in der Bevölkerung für die römischen Monumente deutlich zugenommen. Informationsveranstaltungen in Kreisen und Gemeinden ließen auch auf politischer Ebene das Interesse für die Kulturgüter steigen. Vor allem die Berücksichtigung nicht nur der denkmalpflegerischen und wissenschaftlichen Interessen, sondern auch didaktischer und touristischer Aspekte in den Planungen und Vorschlägen des Hessischen Landesamtes für Denkmalpflege zur Entwicklung und Aufwertung des Limes stieß auf große Zustimmung. Die Folge hiervon sind erfreulich vielfältige Aktivitäten. An vielen Orten entstanden und entstehen Initiativen, den Limes und die zugehörigen Wachttürme und Kastelle in einen besseren Zustand zu versetzen.

Der Limeserlebnispfad Hochtaunus – die Idee

Das umfangreichste Projekt zu Aufwertung und Erschließung des Limes in Hessen ist der Limeserlebnispfad Hochtaunus. Die Idee zu diesem Pfad ist schon vor einigen Jahren im Römerkastell Saalburg entstanden, zunächst unabhängig von dem Antragsverfahren

(Abb. 2) Vorzüglich erhaltener Limesabschnitt im Hochtaunus

bei der UNESCO. Anstoß war die Erkenntnis, dass der Limes im Taunus zwar derzeit noch in einem recht guten Zustand ist, doch einige Schadstellen eine dauerhafte Gefährdung der Anlagen befürchten lassen (Abb. 2).

Zudem fehlen bisher fast durchgehend Informationen vor Ort, die Wanderer und andere Besucher des Taunus mit den Denkmälern vertraut machen. Dies ist auch deswegen fatal, weil die Kenntnis eines Monumentes grundlegende Voraussetzung für dessen angemessene Würdigung und Schutz ist.

Am Anfang der Planungen stand ein grob skizziertes Konzept, das mögliche Maßnahmen an den Limesbauten und die gewünschten Module für eine moderne Vermittlungsarbeit aufzeigte.

Nach ersten hausinternen Überlegungen ließ sich als kompetenter Partner der Naturpark Hochtaunus hinzugewinnen. In gemeinsamer Arbeit entstanden nun ein Maßnahmenkatalog mit Kostenschätzung sowie eine Streckenführung, die sowohl den Ansprüchen der Besucher als auch denen des Naturschutzes und des Denkmalschutzes genügten. Der Verlauf des Pfades ist weitgehend deckungsgleich mit dem vorhandenen Limeswanderweg, der mit einem stilisierten römischen Wachtturm gekennzeichnet ist. Mittlerweile liegt nach mehreren Überarbeitungen ein umsetzbares Konzept vor.

Die geplante Strecke und ihre Höhepunkte

Die Streckenführung des Limeserlebnispfades ist linear. Zunächst war an eine Verknüpfung verschiedener Rundwanderwege gedacht. Doch sind solche Wege bereits in unserer Region vorhanden und einige in Planung. Der Erlebnispfad erstreckt sich über eine Länge von mehr als 30 Kilometern von Glashütten nach Ober-Mörlen. Das geografische und ideelle Zentrum ist die Saalburg, die in den nächsten Jahren zum Archäologischen Park und Limesinformationszentrum ausgebaut wird. Die Gesamtstrecke wird gegliedert durch die Passstraßen, die eine Erreichbarkeit sowohl mit PKW und Bus als auch – und vor allem – mit öffentlichen Verkehrsmitteln gewährleisten. Durch die vorhandene Gastronomie ist die Versorgung der Besucher gesichert.

Am Pfad sind Wanderweg und Radwanderweg miteinander gekoppelt. In vielen Bereichen laufen sie auf der gleichen Trasse. Lediglich dort, wo aufgrund topografischer Gegebenheiten eine identische Streckenführung nicht möglich ist, trennen sich die Wege. Informationen in diesen Passagen müssen entsprechend gedoppelt werden. Die Einrichtung des Radweges ist angesichts einer deutlichen Zunahme des Radtourismus in den letzten Jahren dringend gefordert. Für den bereits ausgewiesenen Limesradweg des Vereins Deutsche Limes-Straße folgt eine punktuelle Verschiebung des Verlaufs.

Die Limesstrecke im Taunus bietet sich für ein solches Musterprojekt an. Sie ist nicht nur eine der am besten erhaltenen Streckenabschnitte, sondern auch eine der schönsten. Der Naturpark Hochtaunus, mit insgesamt knapp 20 Millionen Besuchern jährlich nicht nur Erholungsgebiet für die Einwohner des

(Abb. 3) Konservierte mittelalterliche Glashütte im Emsbachtal bei Glashütten

dicht besiedelten Rhein-Main-Gebietes, sondern auch Ziel von Touristen aus dem In- und Ausland, bietet ein beeindruckendes Naturerlebnis. Zugleich wartet der Taunus mit Kulturdenkmälern unterschiedlicher Zeitstellung auf. So trifft der Wanderer in Glashütten auf eine konservierte und durch Beschilderungen erläuterte mittelalterliche Glashütte (Abb. 3).

Der so genannte Grenzstein-Wanderweg führt ihn zu den am Limes häufig anzutreffenden neuzeitlichen Grenzmarkierungen. Nicht allzu weit entfernt finden sich Reste der vorrömischen keltischen Besiedlung (Abb. 4).

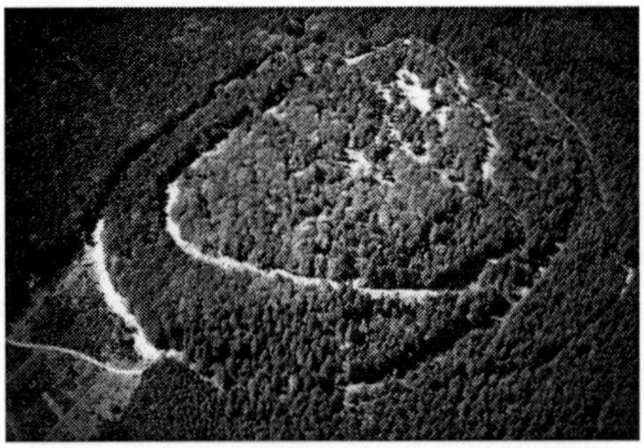

(Abb. 4) Luftaufnahme der keltischen Ringwälle auf dem Altkönig bei Kronberg

Am Feldbergkastell bietet sich den Wanderern die Möglichkeit, den dortigen Rundwanderweg aufzusuchen, und an der Saalburg trifft er auf den Taunus-Lehrpfad, der ihn auf dem Weg zum Hessenpark unter anderem über Vegetation, Geografie und Artenvielfalt informiert.

Der Limeserlebnispfad sucht also die Verknüpfung mit anderen Wegen, und wenn er auch zwangsläufig einen Anfangs- und einen Endpunkt hat, so bedeutet dies nicht, dass an diesen Stellen eine gänzliche Kappung des Informationsflusses stattfindet. Vor allem in Ober-Mörlen soll eine sinnvolle Anknüpfung an die reichen Kulturschätze der Wetterau geschaffen werden.

Der Taunuslimes – eine Bestandsaufnahme

Die frühesten römischen Anlagen im Taunus entstanden Ende des 1. Jahrhunderts n. Chr. Der Limes im Taunus durchlief sämtliche Entwicklungsphasen. Er wurde, wie die gesamte Grenzanlage in unseren Breiten, gegen 260 n. Chr. aufgegeben.

Die erste Limesphase – nach der geläufigen Zählweise sind es vier – lief im Taunus etwas abseits der heute sichtbaren Linie (Abb. 5).

Damals waren Wall und Graben noch nicht vorhanden. Der Limes bestand lediglich aus einem Postenweg, an dem in relativ großen Abständen Holztürme standen. Hiervon sieht man nur noch die mehr oder weniger gut zu erkennenden Erdhügel, auf denen die Türme einst standen. Gegen 120 n. Chr. errichteten die Grenztruppen eine Holzpalisade.

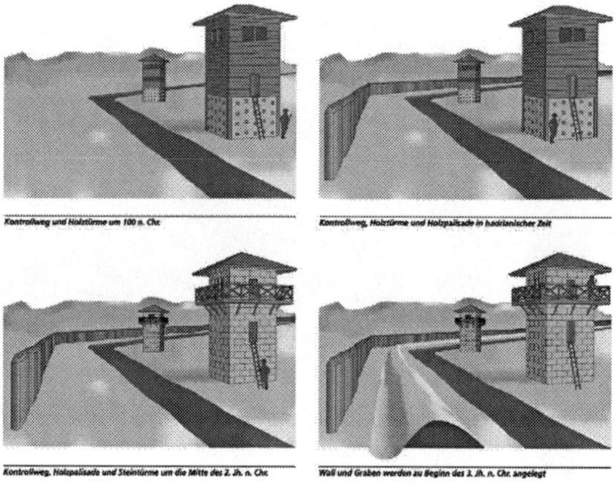

(Abb. 5) Die vier Ausbauphasen des Limes. In der vierten Phase war nach neuesten Erkenntnissen die Palisade nicht mehr vorhanden

Um die Mitte des 2. Jahrhunderts n. Chr. waren die Holztürme offenbar so marode, dass sie ersetzt werden mussten. Man entschied sich für eine dauerhaftere Lösung und wählte Stein als Baumaterial. Spätestens zu diesem Zeitpunkt verlegten die Römer die Grenze am Abhang des Taunus an einigen Stellen weiter in Richtung des germanischen Gebietes.

An den Stellen, an denen ältere und jüngere Linien parallel laufen, finden sich manchmal regelrechte Turmgruppen mit bis zu vier Türmen. Dies zeigt, dass notfalls – nach einer Beschädigung oder etwa nach einem Brand – Türme immer wieder erneuert wurden. Die Türme der Steinturmphase haben übrigens einen geringeren Abstand zueinander, als dies früher der Fall war. Die Linie der Wachtposten wurde also immer dichter.

(Abb. 6) Luftaufnahme des Feldbergkastells

Für die letzte Ausbauphase nach der Mitte des 2. Jahrhunderts n. Chr. nahm man bisher zumeist an, dass die Palisade zusätzlich durch die Hinzufügung von Wall und Graben, die heute noch sichtbar sind, gesichert wurde. Wahrscheinlich ersetzte der Wall jedoch die Palisade.

Der Besucher des Hochtaunus – Wanderer oder Radfahrer – trifft auf seinem Weg auf zahlreiche Spuren der Römer, auf Wachttürme und Kastelle, eingebettet in die reizvolle Landschaft des Naturparks Hochtaunus. Dabei wird er ständig begleitet von dem vorzüglich erhaltenen römischen Grenzwall. Höhepunkte der Strecke sind sicherlich die drei größeren Kastelle im Taunus: das Kastell am Kleinen Feldberg (Abb. 6), die Saalburg und die Kapersburg. Mit dem Wachtturm Wp. 4/16 – am Gaulskopf ist zudem ein rekonstruierter Limesturm vorhanden (Abb. 7). Er ist nach einem Brand derzeit nicht mehr zugänglich. Der Besucher bekommt unterschiedlich gut erhaltene und sichtbare Turmstellen verschiedener Ausbauphasen zu Gesicht – insgesamt liegen im Taunus knapp 50 Wacht-

(Abb. 7) Der Anfang des 20. Jahrhunderts rekonstruierte Turm am Gaulskopf

turmstellen –, die sich bisher dem Betrachter jedoch mangels Erläuterungen kaum erschließen. Die meisten Turmstellen sind gut zu erkennen. Das Mauerwerk der Steinturmfundamente ist in vielen Fällen konserviert (Abb. 8).

Die Holzturmstellen präsentieren sich als Hügel, die sich mehr oder weniger deutlich im Wald abzeichnen (Abb. 9).

Die Kleinkastelle Altes Jagdhaus, Heidenstock, Lochmühle, Ockstädter Unterwald und Kaisergrube sind zwar zu er-

(Abb. 8) Wachtturm 3/69. Der Turm ist ausgegraben und das Mauerwerk konserviert

(Abb. 9) Wachtturm Wp. 3/49. Nach der Ausgrabung wurde der Turmhügel, auf dem in römischer Zeit das eigentliche Bauwerk stand, nachmodelliert

kennen, aber recht unscheinbar. Immerhin sind diese Kleinkastelle mit Metalltafeln beschildert, sodass auch der nicht so gut informierte Wanderer einige Grundinformationen bekommt (Abb. 10).

(Abb. 10) Das Kleinkastell Altes Jagdhaus am Sandplacken ist mit einer Metalltafel gekennzeichnet

Zielsetzung und Wege der Vermittlung

Ziel des Limeserlebnispfades ist einerseits, durch gezielte Information das Bewusstsein der Allgemeinheit für unser kulturelles Erbe zu stärken, andererseits Präsentation und Schutz des Limes im Taunus zu verbessern.

Es verbinden sich Information und Erholung. Geschichte wird erlebbar, zugleich kann sich der Besucher dem Naturgenuss hingeben.

Am Anfangs- und Endpunkt sowie an den Einstiegsstellen an den Passstraßen stehen zukünftig Infopunkte. Dort erhält der Besucher die wichtigsten Grundinformationen zu Limes und Limeserlebnispfad.

Grundmodul der Informationsvermittlung auf der Strecke sind insgesamt 17 Themenstationen, die dem Besucher Informationen zur Geschichte und Bedeutung des Limes und über seine Erbauer, die Römer, in ihrem historischen und gesellschaftlichen Kontext bieten sollen. Aufgrund der internationalen Bedeutung des Limes sind die Texte dreisprachig (deutsch/englisch/französisch) abgefasst (Abb. 11).

Neben den Texten dienen anschauliche Abbildungen der weiteren Erläuterung. Dabei ist an einen lockeren Wechsel von (historischen) Fotografien, Zeichnungen und Computergrafiken gedacht. An jeder Station sind zwei Tafeln geplant. Als Themen der Tafeln sind derzeit folgende vorgesehen:

1) Der Limes: Funktion und Geschichte einer antiken Grenze
2) Als die Germanen kamen … Das Ende des Limes
3) Römische Ingenieurskunst: Vermessung und Bau des Limes
4) Römer und Germanen: Handel und Kulturtransfer
5) Handel und Transport: Straßen und

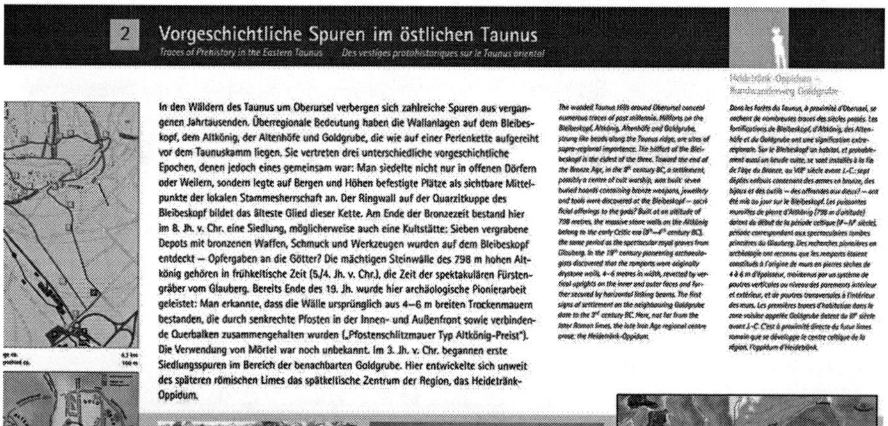

(Abb. 11) Die Thementafeln am Limeserlebnispfad orientieren sich an der bereits bestehenden Beschilderung an der Keltenstraße

Grenzübergänge
6) Bauten am Limes: Wachtposten und Kastelle
7) Die Truppen am Limes: Herkunft, Aufgaben, Versorgung
8) Die Entwicklung des Limes
9) Die Sicherung der Grenze: Vorfeldaufklärung und Signalwesen
10) Der Limes: Grenze in der Antike – Grenze heute
11) Ziviles Leben am Limes: Siedlungen und Gehöfte
12) Ziviles Leben am Limes: Die Ernährung der Römer
13) Der Limes in Gefahr: Raubgräber, Landwirtschaft und Militär
14) Rom kam über die Alpen: Was die Römer nach Norden brachten
15) Vegetation und Klima in römischer Zeit
16) Aufgaben und Alltag einer Turmbesatzung
17) Der Taunus vor den Römern

Die Standorte der Tafeln sind so gewählt, dass sie sowohl für Wanderer als auch für Radfahrer erreichbar sind. Sie orientieren sich an den Bedürfnissen der Besucher, suchen die Verknüpfung mit anderen Wanderwegen und dienen damit auch der Besucherlenkung. Sie befinden sich daher auch nicht direkt an den römischen Relikten, sondern z. B. an Wegekreuzungen. Ihre Inhalte bauen nicht aufeinander auf, sondern sind für sich verständlich.

An den römischen Bauten wird es Erläuterungen zu dem Sichtbaren und vor allem nicht mehr Sichtbaren geben. Für diese Objekttafeln ist ein kleineres Format vorgesehen. Um ständige Wiederholungen gerade bei den Turmstellen zu vermeiden, soll neben Grundinformationen immer auf mögliche Besonderheiten eingegangen werden. Als Aufhänger dienen bauliche Eigenheiten, ungewöhnliche topografische Lagen oder interessante Funde. Als Abbildungsmaterial spielt hier sicherlich die Darstellung von Rekonstruktionsvorschlägen eine wichtige Rolle.

Aktion und Unterhaltung

Der Limeserlebnispfad soll belebt, in das alltägliche Leben und Erleben einbezogen und ein Fixpunkt im jährlichen Veranstaltungskalender des Rhein-Main-Gebietes werden. Sowohl pädagogische als auch unterhaltende Programme werden angeboten. Denkbar ist dabei vieles: Führungen, Vorträge, Römertage, Theatervorführungen, Konzerte, Sportveranstaltungen usw. (Abb. 12/13).

(Abb. 12) Aktion in der Saalburg mit Bogenschießen

Aktivitäten in den angrenzenden Gemeinden schaffen eine Vernetzung, von der Hotellerie, Gastronomie und der Fremdenverkehr im Allgemeinen profitieren können. Damit wird unser kulturelles Erbe auch zu einem Wirtschaftsfaktor.

(Abb. 13) Aktionstag mit römischen Soldaten und Kindern

Pflege und Zusammenarbeit

Ein Projekt dieses Zuschnitts ist nur in Zusammenarbeit mit anderen Behörden und Interessengruppen möglich. Neben dem Naturpark Hochtaunus, den Naturschutzbehörden, Wanderklubs und Tourismusverbänden spielen die Forstbehörden eine entscheidende Rolle. Durch die Lage des Taunuslimes im Wald ist eine Sicherung und Aufwertung der römischen Denkmäler ohne die Unterstützung der Amtsleiter und Revierförster gar nicht möglich. Da die Förster am Taunuslimes durch ihre Tätigkeit bereits für den Umgang mit den Bodendenkmälern sensibilisiert sind, stoßen Saalburg und Denkmalamt mit ihren Anliegen auf offene Ohren. So funktioniert bereits eine erfreulich unbürokratische Absprache und Information bei geplanten Forstarbeiten.

Ein wichtiger, aber leider oftmals vernachlässigter Punkt ist die dauerhafte Pflege und Betreuung des Pfades. Die Unterhaltung der Strecke sowie der Schilder obliegt dem Naturpark Hochtaunus. Alljährlich anstehende Säuberungsarbeiten – aus der Waldlage resultiert der Anfall von Fallholz und Kleinbewuchs – sollen durch ein Patenschaftsprogramm gesichert werden, an dem sich vor allem Schulen, aber auch Vereine oder andere Gruppierungen beteiligen können.

Ein Testlauf für ein solches Patenschaftsprogramm wurde im April 2004 von Mitarbeitern der Saalburg, des Forstamtes Usingen und der Frankfurt International School in Oberursel durchgeführt.

Die Aktion kann als Musterbeispiel dafür dienen, wie durch Zusammenspiel verschiedener Partner ein Monument wieder in einen ansprechenden Zustand gebracht werden kann. Durch einen Sturmschaden war im Winter 2002/2003 das Fundament eines Steinturms am Fröhlichemannskopf in der Nähe der Saalburg aufgerissen worden (Abb. 14).

Ein direkt neben dem Fundament gewachsener Baum stürzte um und riss mit seiner Wurzel das Mauerwerk an einer Seite auf (Abb. 15).

(Abb. 14) Die Turmstelle 3/68 in unbeschädigtem Zustand

Der zuständige Förster machte die Saalburg auf den Schaden aufmerksam. Ein auf Sanierung historischen Mauerwerks spezialisierter Bauunternehmer begutachtete die Stelle.

Am ersten Aprilwochenende 2004 halfen Schüler, Eltern und Lehrer der

(Abb. 15) Beschädigte Turmstelle 3/68

Frankfurt International School in Oberursel, die sich schon häufiger für Erhalt und Pflege archäologischer Denkmäler engagiert hatte, die gesamte Turmstelle von Fallholz und Kleinbewuchs zu befreien und die Schadstelle für die notwendigen Sanierungsarbeiten vorzubereiten. Mittlerweile hat der Forst weitere Bäume entfernt, um zukünftig ähnliche Schadensfälle zu vermeiden.

Eine kleinere archäologische Untersuchung durch die Ehrenamtliche Kreisarchäologie des Hochtaunuskreises brachte eine Klärung, wie weit die originale römische Substanz noch in den Boden reicht.

Nach diesen vorbereitenden Arbeiten war es möglich, die Schadstelle Ende August 2004 wieder aufzumauern und zu sichern. Die finanziellen Mittel hierzu stammen von der Archäologischen Gesellschaft Hessen e. V. Bei dieser Gelegenheit wurde nicht nur das durch den Sturm aufgerissene Mauerwerk ausgebessert, sondern gleich die gesamte Steinturmstelle saniert.

Das Beispiel zeigt deutlich, dass eine Patenschaft ein lohnender Weg sein kann, die Pflege eines Denkmals zu sichern. Es wurde ebenfalls klar, dass nur durch Zusammenwirken verschiedener Kräfte der Erhalt eines so ausgedehnten Denkmals, wie es der Limes ist, möglich sein wird. Ein wichtiger Aspekt bei Schulpatenschaften ist natürlich auch das pädagogische Anliegen, die Heranwachsenden für das kulturelle Erbe zu interessieren und zu begeistern. Bewusstsein und Verantwortung in der nachwachsenden Generation ist natürlich wichtigste Voraussetzung für einen dauerhaften Erhalt des Limes.

Limeserlebnispfad und Management-Plan

Projekte wie der Limeserlebnispfad spielen eine durchaus entscheidende Rolle im Antragsverfahren bei der UNESCO, dessen Ziel die Aufnahme des Limes in die Welterbeliste ist (siehe Beitrag von Andreas Thiel). Zu den eingereichten

Unterlagen gehörte nicht nur eine grundlegende Neuaufnahme der Gesamtstrecke, sondern auch eine ausführliche Darlegung der künftigen Maßnahmen, die den Schutz des Denkmals gewährleisten sollen, der Planungen zur weiteren Erforschung des Denkmals und nicht zuletzt der Vorstellungen für eine Verbesserung der Präsentation und der Erschließung des Limes.

Der Zeithorizont: … und wie geht es weiter?

Da nun ein Konzept in umsetzbarer Form vorliegt, können die geplanten Maßnahmen nach und nach anlaufen. Erste Arbeiten begannen mit Ausgrabungen in der Kapersburg im Sommer 2003 (Abb. 16).

Sie leiten über in eine bessere Erschließung der Anlage. Dazu werden die ergrabenen Grundrisse verdeutlicht, das bereits konservierte und aufgemauerte Mauerwerk saniert, das römische Wegesystem nachgelegt. Beschilderungen helfen, das einstige Aussehen an die Besucher zu vermitteln.

(Abb. 16) Reste des Kommandanturgebäudes der Kapersburg. In den nächsten Jahren sollen die Gebäudereste besser sichtbar gemacht und erläutert werden

An verschiedenen Turmstellen im Taunus hat der Hessen Forst bereits Bäume entfernt und damit die Grundlage für eine Sicherung und bessere Erfahrbarkeit geschaffen. Einen Sonderfall bilden die Planungen des Freizeitparks Lochmühle. Durch einen Tausch gelangte das Areal um das gleichnamige Kleinkastell in den Besitz des Freizeitparks. Hier wird nun in Zusammenarbeit mit Saalburg und Landesamt für Denkmalpflege ein kleiner Waldlehrpfad eingerichtet, der sich mit der derzeitigen Vegetation und den Verhältnissen zur Römerzeit beschäftigen wird. In diesem Rahmen soll natürlich auch das Kastellareal aufgewertet werden.

Mit weiteren Sicherungsarbeiten und Beschilderungen am Limeserlebnispfad ist noch in 2004 zu rechnen. Da die einzelnen Themenbereiche der Stationen nicht aufeinander aufbauen, sondern inhaltlich in sich geschlossen sind, ist eine sukzessive Einrichtung des Pfades möglich, der durch die Passstraßen ohnehin räumlich unterteilt ist.

Ein gemeinsam von Hochtaunuskreis und Wetteraukreis finanzierter Flyer, der im Sommer 2004 erschienen ist, dient als Medium, um einerseits die Bevölkerung über das Projekt zu informieren und das Bewusstsein für unser römisches Erbe zu schärfen. Andererseits soll er helfen, Geldgeber für das Projekt zu gewinnen. Alleine mit Geldmitteln aus öffentlicher Hand ist die Realisierung des Limeserlebnispfades nicht möglich.

Seit Herbst 2004 ist eine Wanderausstellung mit dem Titel „Römer-Limes-Weltkulturerbe. Der Limeserlebnispfad

Hochtaunus“ auf Tour. Sie wurde vom Römerkastell Saalburg konzipiert und vom Hochtaunuskreis finanziert. Sie soll vor allem in Schulen Station machen, doch bieten sich auch Rathäuser oder lokale Museen an, so weit entsprechende Räumlichkeiten vorhanden sind.

Die Finanzierung

Wichtigste Voraussetzung für die Realisierung eines solchen Projektes ist natürlich das Vorhandensein entsprechender finanzieller Mittel.

Schon in einer frühen Planungsphase erwärmte sich das zuständige Hessische Ministerium für Wissenschaft und Kunst für das Projekt. Im Rahmen des so genannten Kulturinvestitionsprogramms stellte das Land Hessen eine namhafte Summe zur Verfügung, die in die Instandsetzung der in Landesbesitz befindlichen Monumente fließen wird. Am Limeserlebnispfad handelt es sich um die Kastelle am Kleinen Feldberg, die Kapersburg und die Saalburg.

Mittlerweile haben einige der Gemeinden, auf deren Gebiet sich römische Spuren finden, ihre Unterstützung zugesagt. Dies macht sehr deutlich, wie groß das Interesse ist, die Kulturdenkmäler in den jeweiligen Gemarkungen zu sichern und besser zu präsentieren. Die Gemeinden erhoffen sich eine Verbesserung der identitätsstiftenden Wirkung des kulturellen Erbes für die Region und positive Auswirkungen auf den Fremdenverkehr. Zusätzlich fanden sich bereits erste Spender ein, die das Projekt unterstützen. Zukünftig sollen verstärkt potenzielle Sponsoren angesprochen werden. Hierzu dient gerade auch der oben erwähnte Flyer.

Für die zwar überschaubaren, aber an einigen Stellen notwendigen Ausbesserungsarbeiten an den Wegen ist mittlerweile die Finanzierung durch Gelder aus dem Umweltfonds der Fraport AG gesichert. Die Rotary-Clubs in Deutschland führen im September 2005 eine Laufveranstaltung am Limes durch, bei der auch Spenden für den Limeserlebnispfad eingeworben werden sollen.

Wenn es gelingt, weitere interessierte Teile der Bevölkerung für das Projekt zu gewinnen und die notwendigen Geldmittel nach und nach zusammenzubekommen, ist eine sukzessive Umsetzung des Projektes in den nächsten Jahren möglich. Eine Fertigstellung ist bis 2009 angestrebt. Eine zusätzliche Motivation für alle Beteiligten wäre es, wenn der Limes tatsächlich im Jahre 2005 Weltkulturerbe wird. Denn wer kann schon von sich sagen, direkt an einem Welterbe zu leben und für ein solches zu arbeiten?

Wenn Sie weitere Informationen zum Limeserlebnispfad Hochtaunus wünschen oder sich für das Projekt engagieren und es auf die Bahn bringen wollen, dann wenden Sie sich bitte an:

Römerkastell Saalburg
Archäologischer Park
Dr. Thomas Richter
61350 Bad Homburg
Tel.: 0 61 75/93 74 18
E-Mail: richter.t@saalburgmuseum.de

Spenden bitte auf folgendes Konto:
Rotary Deutschland Gemeindienst e.V.
Bank: Deutsche Bank AG – Düsseldorf
Kontonr.: 3 941 200
BLZ: 300 700 10
Stichwort: Limeserlebnispfad

Karl-Heinz Weinert

Limes in Bewegung: Rotarier organisieren Lauf und richten Spendenkonto ein

Am 18. September 2005 wird es entlang des 542 Kilometer langen Obergermanisch-Raetischen Limes, so ist zu hoffen, zu einer „Völkerwanderung“ kommen. Denn für diesen Tag laden die Rotary Clubs Deutschland gemeinsam zur Aktion „LIMES in Bewegung – laufend helfen mit Rotary!“ Vom Rhein bis zur Donau, von Rheinbrohl bis Regensburg und natürlich auch entlang der Saalburg, Distrikt und Bundesländer übergreifend, sind an diesem Tag Männer und Frauen, Kinder und Jugendliche aufgerufen, sich für eine gute Sache in Bewegung zu setzen: für die Überwindung von Grenzen, das Miteinander der Menschen und für den Erhalt des Limes als verbindendes Kulturerbe.

Das Projekt der Rotarier steht im Zusammenhang mit verschiedenen Aktivitäten zum 100-jährigen Geburtstag von Rotary International und der für 2005 angekündigten Entscheidung der UNESCO über die Aufnahme des Obergermanisch-Raetischen Limes in die Liste der Weltkulturerbestätten. Mit eingebunden in die Aktion ist das Projekt „SMOG e. V. – Schule machen ohne Gewalt“. „SMOG e. V.“ und „Limes in Bewegung“ wenden sich an Bürger, lokale Unternehmen und nationale wie multinationale Konzerne, an Stiftungen, Schulen, Museen und die öffentliche Hand. Absicht ist, zu informieren, zu motivieren und Gelder zu generieren.

Die Rotarier haben dafür eigens ein Spendenportal im Internet eingerichtet, auf das gezielt für den Limeserlebnispfad Hochtaunus eingezahlt werden kann. Die Internetadresse lautet www.limes-in-bewegung.de. Außerdem besteht ein Spendenkonto von Rotary Deutschland Gemeindienst e. V. bei der Deutschen Bank AG in Düsseldorf, Bankleitzahl 300 700 10, Konto-Nr. 3 941 200, Stichwort: „Limeserlebnispfad“. Auf Anfrage übersenden die Rotarier gerne eine Spendenquittung. Weitere Spendenportale der Rotarier im Internet sind unter www.rotary1820.de und www.rotary.de zu finden.

Mit der humanitären und kulturellen Aktion „Limes in Bewegung“ wollen die Rotarier sowohl die Jugend fördern wie das geschichtliche Erbe erlebbar machen. Hinschauen und helfen, Probleme kreativ angehen und Lösungen in die Tat umsetzen lautet die Maxime. Unter dem Motto „Geschichte erleben – Menschen Zukunft geben“ rangiert auch das Vorhaben, in Zusammenarbeit mit dem Rotary Governor von Tunesien und Marokko eine Unterstützung der Schulen entlang des afrikanischen Limes in Gang zu setzen.

Die Veranstaltung am 18. September 2005 entlang der Saalburg wird für alle beteiligten Rotary Clubs im Taunus federführend vom Rotary Club Saalburg-Taunus organisiert.

(Der Autor ist Präsident des Rotary Clubs Saalburg-Taunus)

Egon Schallmayer

Das Praetorium des Saalburg-Kastells: Vom antiken Kommandantenwohnhaus zum modernen Institutsgebäude

Antike Quellen zur Benennung der Bauten des Saalburg-Kastells – Die Ausrichtung des Kastells

Bei den Ausgrabungen und dem Wiederaufbau der Saalburg vor über hundert Jahren richtete man sich zur Benennung der einzelnen Bauten des einstigen Römerkastells nach den Angaben antiker Schriftsteller, die sich mit römischen Militärlagern beschäftigt hatten. So beschreibt der griechische Historiker Polybios in der Mitte des 2. Jahrhunderts v. Chr. ein Zeltlager des römischen Heeres für zwei Legionen aus republikanischer Zeit, und der unter dem Namen des Vermessungstechnikers Hyginus gromaticus (Pseudo-Hygin) vom Ende des 1. Jahrhunderts n. Chr. überlieferte Bericht erläutert das Aussehen eines großen Marschlagers der frühen Kaiserzeit für drei Legionen, die Prätorianergarde und weitere Truppeneinheiten (Abb. 1).

In beiden Fällen handelt es sich also nicht um die Darlegung der Struktur eines Auxiliarkastells (Hilfstruppenkastells), wie es die Saalburg vor bald 2000 Jahren darstellte, trotzdem fanden die von den antiken Autoren verwendeten Begriffe Aufnahme in die seinerzeit

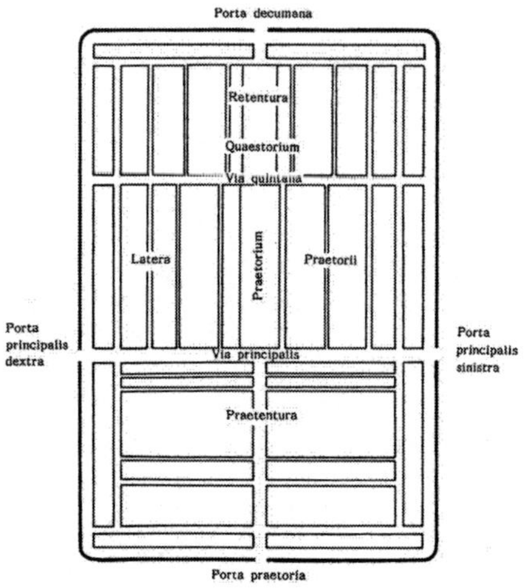

(Abb. 1) Röm. Marschlager nach Hyginus

aktuelle Literatur bei der Limesforschung.

Da man um die Wende des 19. zum 20. Jahrhunderts davon ausging, dass das Saalburg-Kastell nach Norden auf den Limes hin orientiert gewesen sei, erfolgte mit Blick auf die Angaben in den antiken Quellen folgende Festlegung:

Das Nordtor, die zum Feind (Limes) hin gewandte Toranlage, erhielt die Bezeichnung porta praetoria. In dem zum Hinterland zeigenden Südtor sah man die porta decumana, und das westliche sowie das östliche – aus dieser Blickrichtung linke beziehungsweise rechte – Seitentor erklärte man zur porta principalis sinistra beziehungsweise porta principalis dextra. Dem folgend war in dem nördlichen Kastellbereich der vordere Lagerteil, die praetentura, und in dem südlichen das rückwärtige Lagerareal, die retentura, zu sehen. Der Lagermittelstreifen wurde als latera praetorii bezeichnet.

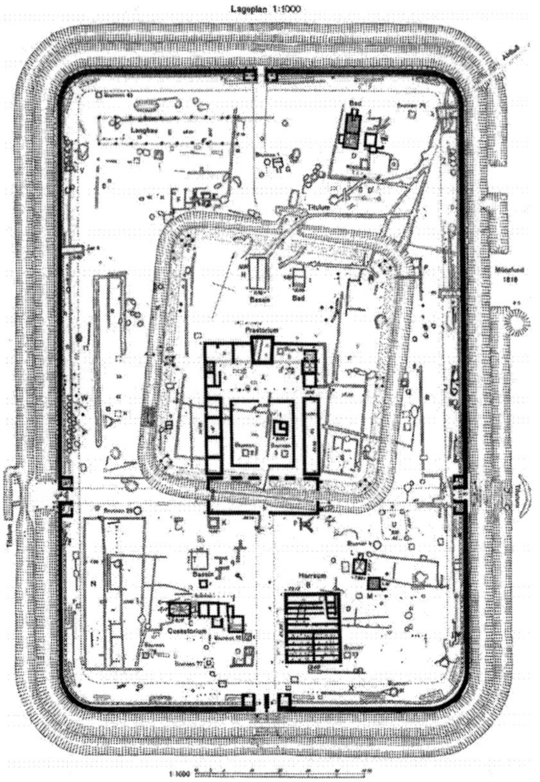

(Abb. 2) Das Saalburg-Kastell. Übersichtsplan der Ausgrabungen

Wie die antiken Autoren berichten, waren in der praetentura ursprünglich die Unterkünfte der hohen Offiziere und Sonderbauten wie Versammlungshäuser, Lazarette und Handwerksgebäude sowie einige Mannschaftsbaracken untergebracht. In den latera praetorii befand sich im Zentrum das Hauptquartier des Befehlshabers, das so genannte praetorium, neben Unterkünften für das übrige Stabspersonal. In der retentura lag das quaestorium des Lagerpräfekten, bei dem es sich ursprünglich um einen Zeltkomplex für die Verwaltung handelte, in dem auch Beute aufbewahrt und Gefangene gehalten wurden.

Erst allmählich setzte sich in der Forschung die Erkenntnis durch, dass nicht die Lage, sondern die Inneneinteilung der Limeskastelle für die Bezeichnung ihrer verschiedenen Teile maßgebend war, dass vor allem die Lagermittelstraße, die via praetoria, und die porta praetoria vor der Front des Mittelgebäudes gelegen haben und nicht auf seiner Rückseite. Demzufolge war die Benennung der einzelnen Kastellteile im Falle der Saalburg geradezu umzudrehen. Die porta praetoria wurde zur porta decumana, diese zur porta praetoria. Die porta principalis dextra wurde zur porta principalis sinistra und diese zur porta principalis dextra. Die praetentura zur retentura, diese zur praetentura. Aber noch in der abschließenden Publikation der Grabungsergebnisse durch Heinrich Jacobi im Limeswerk (ORL) ging Ernst Fabricius, der den Bericht Jacobis in kritischer Weise redaktionell überarbeitete, vorsichtig zu Werke und schrieb daher: „Da die Entscheidung in dieser vielumstrittenen Frage [Bezeichnung der Tore (Anm. des Autors)] zweifelhaft ist, wurden wie auf den Tafeln so auch im Text die Tore und Seiten des Kastells durchweg nach den Himmelsrichtungen bezeichnet."

Die umfangreichen und großflächigen Ausgrabungen im Saalburg-Kastell hatten zur Freilegung zahlreicher Strukturen geführt (Abb. 2), die einerseits auf ehemals vorhandene Holz-Fachwerkbauten, andererseits auf Steingebäude hinwiesen. Während sich aufgrund der Grabungsmethoden der Zeit die Reste der Holzbauten nur noch teilweise als Verfärbungsspuren im Boden feststellen ließen und daher die Rekonstruktion kompletter Gebäudegrundrisse schwierig war, gaben die erhaltenen Fundamentmauern Steingebäude zu erkennen, die in ihrer Funktion angesprochen wurden. Das durch seine Fundamentmauern dokumentierte zentrale Mittelgebäude wurde mit Blick auf die dargestellte Überlieferung als praetorium bezeichnet. Im südöstlichen Kastellareal erkannte man in den Steinstrukturen die Reste vom horreum, dem ehemaligen Getreidespeicher der Saalburg, und im südwestlichen Teil waren schon bei den Ausgrabungen in den letzten Jahrzehnten des 19. Jahrhunderts die Grundmauern eines Baus ausgegraben worden, den man als quaestorium (Abb. 3) bezeichnet hatte.

Das horreum und das quaestorium kamen nach der Umorientierung der Anlage nunmehr in der praetentura des Saalburg-Kastells zu liegen.

Praetorium – Principia

Während die Bezeichnung des horreum stets unumstritten war, da der Grundriss eindeutig die Funktion des Gebäudes nachwies, dauerte es nahezu ein halbes

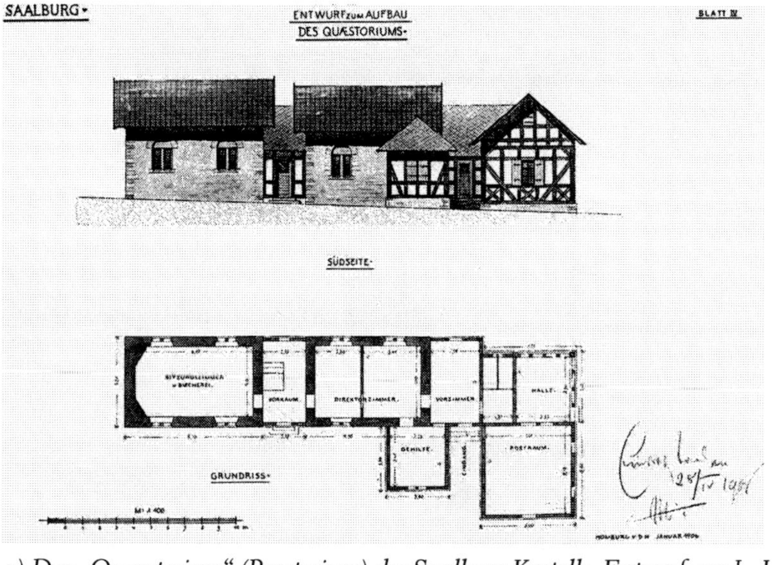

(Abb. 3) Das „Quaestorium" (Praetorium) des Saalburg-Kastells. Entwurf von L. Jacobi zum Wiederaufbau, Januar 1906. Rechts unten Notiz Wilhelms II.: „Einverstanden"

Jahrhundert, bis sich in der Wissenschaft die richtige Bezeichnung für den Typus der anderen Kastellbauten durchgesetzt hatte. Es ging dabei zunächst um die Frage, ob das Mittelgebäude (Stabsgebäude) der fest gebauten und ständig belegten Legionslager und Kastelle in der Antike praetorium oder principia geheißen hätte. Allzu sehr hatte die Forschung auf die Beschreibungen des Polybios und des Hyginus vertraut und war von dem ersteren Begriff ausgegangen, obwohl klar war, dass sich die Angaben dieser Autoren nur auf die Marschlager eines sich auf dem Kriegszuge befindlichen römischen Heeres bezogen. Demzufolge benannte man das Mittelgebäude des Saalburg-Kastells mit praetorium. Erst in den 1950er Jahren konnte die Frage durch den Fund einer Inschrift in dem Kastell Regulbium (Reculver) an der englischen Kanalküste endgültig entschieden werden. Das epigraphische Zeugnis berichtet von der Errichtung der aedes, des Heiligtums in den principia, mit der basilica (Abb. 4).

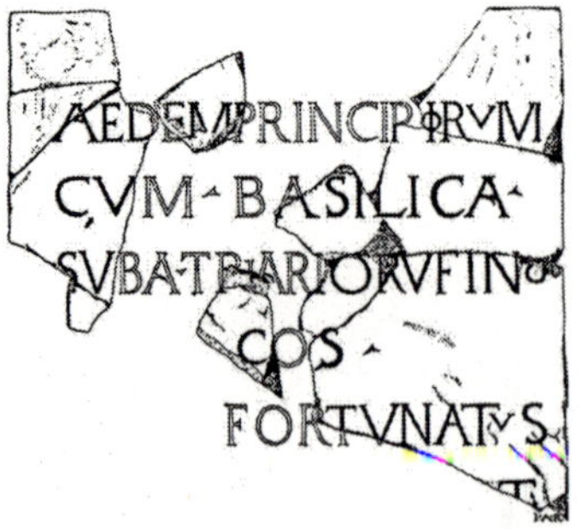

(Abb. 4) Inschrift aus dem Stabsgebäude des Kastells Regulbium/Reculver am „limes Saxonicus“ in England (Kent)

Seitdem ist sicher, dass das Stabsgebäude mit Fahnenheiligtum und Exerzierhalle, im Zentrum der Limeskastelle und im Mittelteil der via principalis gelegen, als die principia (Pluralwort) zu bezeichnen ist. Dies galt nun auch für das Saalburg-Kastell, in dem damit sozusagen die Bezeichnung praetorium, die sich ehemals auf das Gebäude im Zentrum des Kastells bezog, frei wurde. Sie konnte nun auf einen anderen Bau übertragen werden.

Die ältere Diskussion zur Lage des Praetoriums im Saalburg-Kastell

Bereits der berühmte Althistoriker und Nobelpreisträger Theodor Mommsen hatte in einem im Jahr 1900 erschienenen Aufsatz dargelegt, dass das praetorium ganz allgemein eine „insbesondere für den Beamten reservierte Wohnung“ gewesen sei, die deshalb weder in einem Legionslager noch in dem einer kleineren Truppe den zentralen Mittelbau darstellen könne, sondern eine für den Feldherrn beziehungsweise den Truppenkommandanten reservierte Baulichkeit, also das Kommandantenhaus, bezeichne. Im Falle der Saalburg scheute man sich allerdings zunächst, ein Gebäude im Innern des Kastells mit dieser Funktion zu belegen und verwendete den Begriff für das Stabsgebäude. Heinrich Jacobi schrieb noch in dem 1937 erschienenen Bericht im ORL: „Von den Gebäuden, welche zum Bestand der Lager gehörten, fehlt im Innern des Kastells das Wohn- und Dienstgebäude des Kommandanten, hier des Präfekten.“ Er betrachtete damals zum Vergleich die Kastelle Nieder-Bieber, Wiesbaden, Weißenburg und Butzbach, wo „ein solches recht stattliches Haus“ neben dem Mittelgebäude, das heißt also neben den principia ausgegraben werden konnte. Auch war ihm bereits bekannt, dass sich in den besser erhaltenen oder vollständiger untersuchten Kastellen Britanniens das Kommandantenhaus fast regelmäßig rechts oder links vom Mittelgebäude befand. Im Saalburg-Kastell hatten sich aber neben dem zentralen Gebäude im Mittelstreifen des Lagers keine Fundamentreste feststellen lassen, die zuverlässig auf die Existenz einer Kommandantenwohnung an dieser Stelle zu beziehen waren. Heinrich Jacobi glaubte daher, auch aus Gründen der „Überbelegung“ des Kastells durch die Mannschaften, die Kommandantenwohnung außerhalb des Lagers suchen zu müssen. Hier kam für ihn nur der 29,50 m x 25 m große Steinbau in Frage, der sich südöstlich vor dem Kastellbad, zwischen diesem und der auf die porta praetoria zuführenden Straße des Lagerdorfs erstreckte (Abb. 5).

Louis Jacobi hatte in diesem Bau „eine Schlächterei mit Stallungen, [...] das ‚Schlachthaus‘“ sehen wollen, deutete aber schon an: „hier geschah vielleicht auch die Rast und der Ausspann der Pferde von Fuhrwerken, welche hier Halt machten, nachdem sie die Höhe des Passes erreicht hatten“. Damit war zumindest eine vorsichtige Deutung dieses Grundrisses als Rest einer ehemaligen mansio, eines in Nähe der Badeeinrichtung gelegenen Rasthauses, in dem einst auch auswärtige Besucher außerhalb des Kastells untergebracht werden konnten, gegeben. Heinrich Jacobi verwarf aber noch 1927 diese Interpretation, indem er ausführte, dass

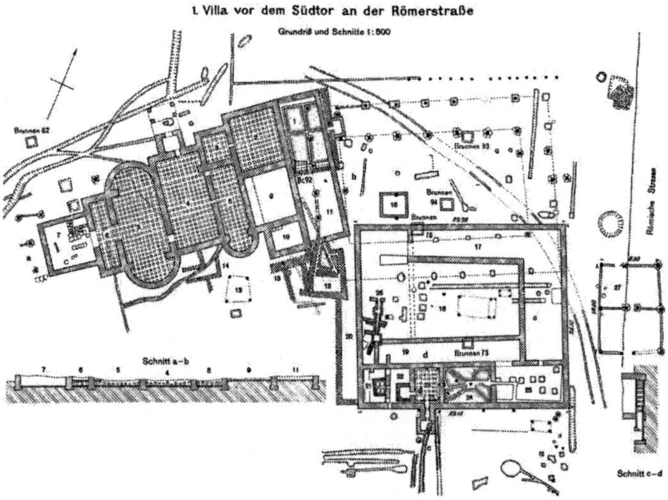

(Abb. 5) Grundrissplan der so genannten Villa mit vermeintlichem Praetorium, eigentlich mansio, vor dem Südtor des Saalburg-Kastells

darin „kaum eine Mansio“ zu erblicken sei, „sondern ohne Zweifel das Dienstgebäude des Kommandanten, die sonst innerhalb des Lagers untergebrachte domus praefecti“. Heute hat sich aber in der Forschung die Ansicht durchgesetzt, dass der Bau die mansio des Kastells gewesen ist. Der Standort der Kommandantenwohnung (praetorium) war somit innerhalb des Kastells zu suchen. Der Blick fiel also wieder in das Innere des Saalburg-Kastells, und zwar auf das Gebäude im südwestlichen Lagerbereich, das bisher als quaestorium bezeichnet worden war. Sollte es sich bei diesem um das praetorium, das Kommandantenhaus, gehandelt haben?

Vom Quaestorium zum Praetorium – Der Bautyp

Bei den älteren Grabungen wurden die Fundamentmauern eines Baukomplexes von 26 m Länge und einer Breite von bis zu 6 m freigelegt, der aus acht Räumen bestand, von denen zwei mit Hypokausten (Unterflurheizung) versehen waren (Abb. 6).

Bei systematischen Nachgrabungen von Januar 1901 bis Mai 1902 konnte festgestellt werden, dass der Steinbau mehrere Bauphasen besaß und zudem an seiner Stelle ein älteres Holzgebäude gestanden hatte. Heinrich Jacobi glaubte in der durch die Steinfundamente ausgewiesenen Raumflucht die Reste eines früheren Bades erkennen zu können, das man umgebaut und zu anderen Zwecken verwendet hatte. Zur Funktion des umgebauten Gebäudes schreibt er: „An seiner Bedeutung als Quaestorium oder ein ähnliches Dienstgebäude ist jedoch kaum zu zweifeln, eine Annahme, die hier durch seine Lage gegenüber dem Horreum noch besonders nahegelegt wird. Es ist vielleicht auch kein Zufall, dass dicht daneben zwei Tintenfassdeckel und mehrere Schreibgriffel gefunden worden sind.“

Heinrich Jacobi blieb also bei der alten Bezeichnung. Der Blick alleine auf

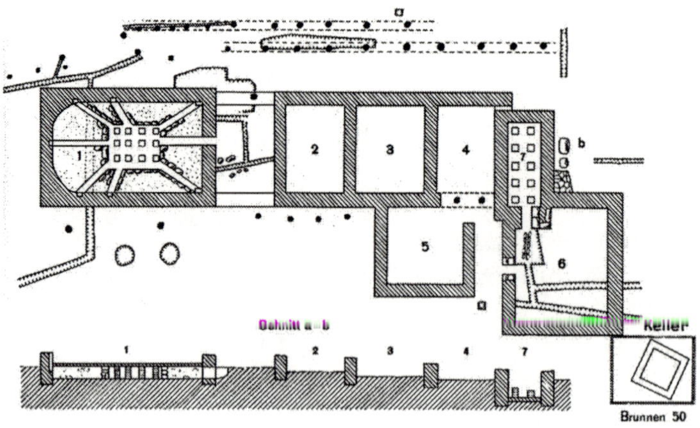

(Abb. 6) Grundrissplan des „Quaestoriums“ (Praetorium) des Saalburg-Kastells

die aufgedeckte lang gestreckte Raumflucht des Steinbaus verhinderte wohl zunächst die Benennung des Baus als praetorium, da sie nach den Vorstellungen, die man sich vom Aussehen eines Kommandantenhauses nach zahlreichen Vergleichsbeispielen aus anderen Kastellen machte, diesen Bautyp nicht repräsentieren konnte. Die praetoria, die dort vielerorts ausgegraben werden konnten, wiesen meist den Grundriss eines sog. Peristylhauses auf (Abb. 7).

Bei dem aus dem städtischen Wohnbau des östlichen Mittelmeerraums stammenden, wohl bekannten Gebäudetyp handelt es sich um einen Rechteckbau, der vier Flügel besaß, die einen Innenhof einschlossen. Der Name geht auf den offenen Säulenumgang, Peristyl, zurück, der den Innenhof umgab. In den um diesen gruppierten Räumlichkeiten gab es reichlich Platz für die Wohnung des Kommandeurs, für seine Diener, den Stab und eventuelle Gäste.

Die Befundaufnahmen der Grabungen von 1901/1902 im Umfeld des Steinbaus im Saalburg-Kastell zeigen umfangreiche Pfosten- und Gräbchen-

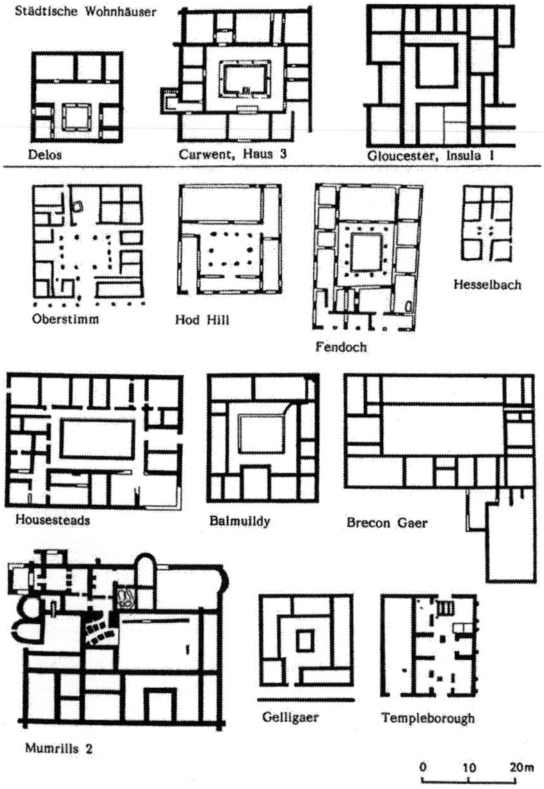

(Abb. 7) Kommandantenhäuser (Praetoria) im Vergleich zu städtischen Wohnhäusern

spuren von Holzbauten. Diese sind teils als Reste von Vorgängeranlagen, teils aber auch als von in Holz-Fachwerktechnik ausgeführten weiteren Bauteilen anzusehen, die sich dem in Stein ausgeführten Gebäudetrakt anschlossen. Das Gebäude war – wie dies bei Bauten in römischen Kastellanlagen häufig zu beobachten ist – in verschiedenen Bautechniken errichtet. Es weist offensichtlich auch mehrere Bauphasen auf.

Von Bedeutung für die weitere Ansprache als praetorium waren aber noch einige Befunde, die unmittelbar nördlich der durch das Fundamentmauerwerk ausgewiesenen Raumflucht aufgedeckt werden konnten. Dazu gehörten einige Mauerwinkel (Abb. 2, bei q), ein Kellergeviert (Abb. 2, bei K), sowie westlich daneben eine kleine Heizanlage und ein Bassin (Abb. 2, bei T). Vor allem in Letzterem sah man das Wasserbecken, welches regelhaft im Innenhof eines Peristylhauses vorhanden war. Die Mauerteile könnten als Reste der Innenraumeinteilung in den nordöstlichen Gebäudeflügeln angesehen werden, die kleine Heizanlage als Wärmequelle für einige im Nordflügel des Baus gelegene Räume, während der Keller unmittelbar vor der Exerzierhalle der principia wohl bereits in den Bereich der Lagerstraße, hier der via principalis, hineingereicht hat. All dies berücksichtigend ließ sich davon ausgehen, dass das Kommandantenhaus im südwestlichen Lagerareal der Saalburg, unmittelbar hinter dem Haupttor und gegenüber dem Getreidespeicher gelegen hatte.

Diese Interpretation setzte sich aber erst allmählich in der Forschung durch. Noch in den ersten Führungsheften durch das Römerkastell Saalburg, die nach dem Krieg erschienen, schrieb der damalige Saalburgdirektor Hans Schönberger: „Das kleine Bauwerk gegenüber dem Magazin bestand aus mehreren kleinen, z. T. heizbaren Räumen. Man hat es als ein Verwaltungsgebäude (quaestorium) gedeutet.“ Erst später äußerte er sich eindeutiger. Sei Nachfolger, Dietwulf Baatz, wurde noch konkreter. In den vom ihm besorgten Ausgaben des Führungsheftes kann man lesen: „Dem Horreum gegenüber erblickt man ein kleines Bauwerk, das aus mehreren z. T. heizbaren Räumen besteht. Es enthält heute Arbeits- und Büroräume und war früher vermutlich Bestandteil eines größeren Gebäudes, das dem Chef der 2. Raeterkohorte als Wohnung diente (Praetorium).“ In dem Führer zur Saalburg von Margot Klee werden keine Zweifel mehr an der Zuweisung der Baureste zu einem praetorium erhoben. Hier heißt es: „Das praetorium des Saalburg-Kastells findet sich an der Hauptstraße (via praetoria) den Speichergebäuden (horrea) gegenüber. Es diente früher dem Truppenkommandanten (praefectus cohortis) der cohors II Raetorum civium Romanorum equitata als Wohnhaus und erscheint stärker als jedes andere Gebäude des Kastells städtisch geprägt, da sein Grundriss deutlich von der Villenarchitektur Italiens beeinflusst ist. […] Das heute relativ klein wirkende Gebäude wird von den Wissenschaftlern und der Verwaltung des Museums als Institutsgebäude benutzt. Von dem in römischer Zeit größeren Bau ist nur der in Stein ausgeführte Teil bei den Grabungen erkannt und deshalb rekonstruiert worden. Die übrigen, nicht wieder errichteten Bereiche des Hauses bestanden noch im 2. und 3. Jahrhundert n. Chr. aus schlichtem Holzfachwerk. Die unterschiedliche Bautechnik dürfte von außen allerdings nicht aufgefallen sein, weil das Gebäude vollständig verputzt gewesen ist."

Unmittelbar links und rechts von den principia haben sich bei den Ausgrabungen keine Spuren von Holz- oder Steinbauten finden lassen, die auf die Existenz eines praetoriums an dieser Stelle hinweisen konnten. Östlich der principia ziehen außerhalb der Umrisse des Saalburg-Erdkastells zwar Mauerstücke von Nord nach Süd parallel zur Kastellumwehrung, die allerdings bei Zusammengehörigkeit ein Gebäude dokumentierten, das außerordentlich groß gewesen wäre, es sei denn, es hätte sich um eine Mannschaftsbaracke mit Steinfundamenten gehandelt. Auf der Seite westlich der principia zeigen sich die Abwassergräbchen, die vermutlich zu einer Mannschaftsbaracke gehörten, die in Holz-Fachwerkbauweise errichtet war. An dieser Stelle innerhalb des Kastells würde man am ehesten den Standort des Kommandantenhauses erwarten, allein es ergibt sich keinerlei Hinweis darauf. So bleibt die berechtigte Vermutung, dass beidseits der principia der Saalburg Mannschaftsbaracken gestanden hatten und dass tatsächlich der südwestliche vordere Lagerteil als Standort des praetoriums diente, und zwar gegenüber dem horreum, beides Gebäude, die normalerweise im Mittelstreifen eines Kastells lagen. Vielleicht scheute man sich, den zumindest teilweise in Stein ausgeführten Praetoriumsbau westlich (rechts) der principia zu errichten, weil man durch die hier gelegene verfüllte Grabenrundung des Erdkastells bauliche Schwierigkeiten, etwa Setzungen, befürchtete (Abb. 8).

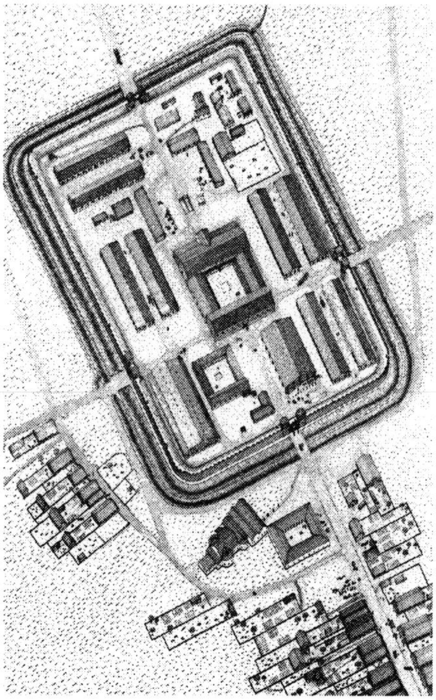

(Abb. 8) Zeichnerische Rekonstruktion des Saalburg-Kastells (Kohortenkastell) mit Lage des Praetoriums im südwestlichen Kastellareal

Ungewöhnliche Lage des Saalburg-Praetoriums

Mit der Festlegung des Praetoriumsstandortes im vorderen Lagerteil weicht das Saalburg-Kastell vom üblichen Schema der Innenraumgliederung eines römischen Kastells ab. Tatsächlich befindet sich in allen Provinzen des Römischen Reiches, in denen Militärlager bekannt sind, das Kommandantenhaus meistens im Mittelstreifen des Kastells neben den principia, üblicherweise an deren rechter Seite. Auch die Form des Gebäudes als Vierflügelanlage mit Innenhof lässt sich als prinzipielle Vorgabe erkennen. Das praetorium konnte den gesamten Raum zwischen dem Stabsgebäude und der Umwehrung einnehmen. Bei den Kastellen von Hod Hill (Südengland) und Oberstimm (Bayern) aus der Zeit des Kaisers Claudius (41–54 n. Chr.) sowie bei dem Numeruskastell Hesselbach am Odenwaldlimes (um 100 n. Chr.) lag das Kommandantenhaus hinter dem Stabsgebäude (Abb. 9).

Im vorderen Lagerteil, der praetentura, befand sich der Bau in der ersten Kastellperiode von Valkenburg/Niederlande (Abb. 10).

Hier ergab sich die Notwendigkeit dieser Anordnung, weil das Kastell insgesamt breitformatig angelegt war. Bei weiteren Kastellen des Taunus- und Wetteraulimes, so bei den Anlagen Kleiner Feldberg, Kapersburg und Arnsburg, wurden die Mauerreste im vorderen Lagerteil als Bauteile des Kommandantenhauses angesprochen. Allerdings können hier vom Grundriss her eigentlich

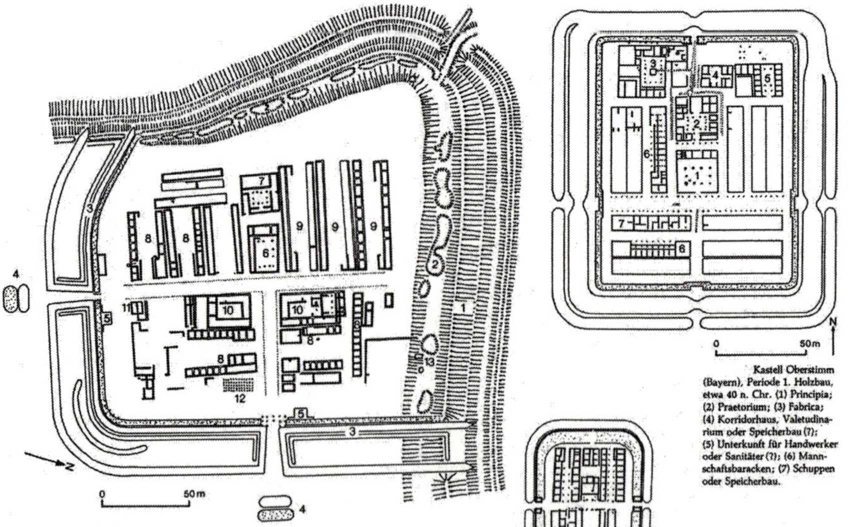

(Abb. 9) Die Lage der Praetoria in den Kastellen Hod Hill (Südengland), Oberstimm (Bayern) und Hesselbach (Hessen)

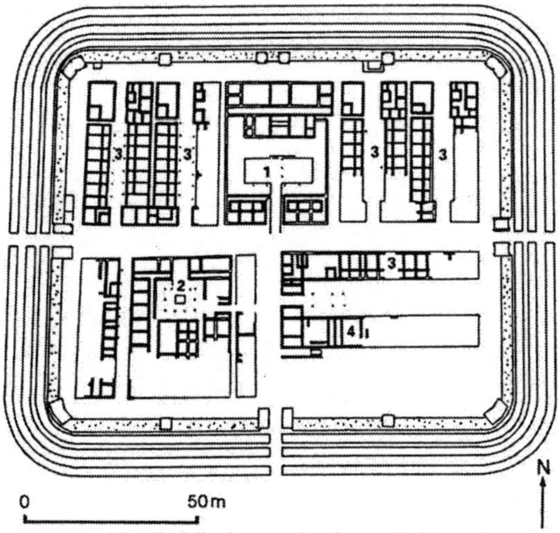

Kastell Valkenburg (Niederlande), Periode 1. Holzbau, etwa 40 n. Chr. (1) Principia; (2) vermutlich Praetorium; (3) Mannschaftsbaracken; (4) Mannschaftsbaracke oder Stall(?).

(Abb. 10) Die Lage des Praetoriums im Kastell Valkenburg (Niederlande)

keine Angaben gemacht werden. Vielmehr hat man eine Interpretation dieser Strukturen nunmehr mit Blick auf die Festlegung des Gebäudes im Saalburg-Kastell als praetorium vorgenommen. Weil das praetorium in der Saalburg im vorderen Lagerteil lokalisiert wurde, glaubte man dies auch auf die genannten Kastellplätze übertragen zu können, und erklärte kurzerhand, hier sei eben die Lage der praetoria in der praetentura analog der Saalburg eine Besonderheit vor allem der Taunuskastelle. Wäre aber die Bezeichnung auf der Saalburg unzutreffend, dann entfiele auch der Grund, die Anlagen in den anderen Kastellen als praetoria zu bezeichnen. Man wäre dann lediglich einem Zirkelschluss aufgesessen.

Wiederaufbau unter Wilhelm II.

Im Jahr 1906 wurde das in seinen Fundamentresten ergrabene Gebäude, damals wie erwähnt noch als quaestorium bezeichnet, in rekonstruierender Form wieder aufgebaut (Abb. 11). Dabei orientierte man sich bei der Außengestaltung an den Leitlinien, die offensichtlich der letzte deutsche Kaiser Wilhelm II. und sein Baumeister Louis Jacobi bei dem gesamten Wiederaufbau des Saalburg-Kastells zu Grunde gelegt hatten. Auf den im Fundamentbereich in Form starker Mauern freigelegten Grundrissen entstanden Bruchsteinmauern, deren Mauerwerk steinsichtig gehalten wurde, während auf den schwächer ausgeprägten Fundamenten Holz-Fachwerkwände zur Ausführung kamen, deren Gefache ausgemauert und anschließend verputzt wurden.

(Abb. 11) Das in wilhelminischer Zeit wieder aufgebaute „Quaestorium" (Praetorium) des Saalburg-Kastells

Die Dachform wurde analog den Grundrisskomponenten vielgliedrig ausgeführt. Dass der Kaiser erheblichen Einfluss auf diese Gestaltung hatte, beweisen zahlreiche Planentwürfe, die von seiner Majestät höchstpersönlich mit dem Vermerk „einverstanden“ abgesegnet worden waren (Abb. 3). Es erstaunt daher nicht allzu sehr, dass gerade bei der Betrachtung des wieder aufgebauten Gebäudes Bauteile in Erscheinung treten, die auch an öffentlichen Gebäuden der wilhelminischen Zeit, zum Beispiel Bahnhöfen, Schulen und sonstigen Nutzbauten, zu sehen sind. Insofern macht sich der architektonische Zeitgeist auch bei den Rekonstruktionen der Saalburgbauten bemerkbar, trotz der unbestreitbaren Bemühungen des Kaisers und Jacobis, die Anlage „so getreu wie möglich in römischer Bauweise“ wieder errichten zu wollen.

Schon bald nach dem Wiederaufbau auf antiken Fundamenten zog die Verwaltung des Saalburgmuseums in das Gebäude ein. Auch die anfangs noch kleine wissenschaftliche Bibliothek wurde darin untergebracht. Zunächst wurde der Dienstbetrieb noch ohne die Annehmlichkeiten der modernen Zivilisation wie zum Beispiel Strom oder fließendes Wasser – das galt im Sinne der möglichsten Originaltreue der Zeit als nicht zulässig – durchgeführt. So war bei einbrechender Dunkelheit die Arbeit nur mit Hilfe von Kerzenlicht zu leisten, im Winter war sie wegen der Kälte beschwerlich. Sanitäre Einrichtungen waren überhaupt nicht vorhanden.

Erweiterung in den Jahren 1975 – 1977

Mit den wachsenden Aufgaben der Verwaltung eines enorm populären, viel besuchten Freilichtmuseums und der Arbeit eines Forschungsinstitutes – Letzteres war der Anspruch, mit dem die Saalburg von Beginn an aufgetreten war – mussten die gegebenen räumlichen Verhältnisse an ihre Grenzen stoßen. Vor allem eine mehrere Tausend Bände umfassende wissenschaftliche Bibliothek benötigte Raum. Deshalb entschloss sich Dietwulf Baatz dazu, eine Erweiterung des wilhelminischen Baues vorzunehmen, die nach vorausgehenden Planungen in den Jahren 1975 – 1977 realisiert wurde (Abb. 12).

Indem er einen Westflügel ansetzte, vollzog er bereits einen ersten Schritt

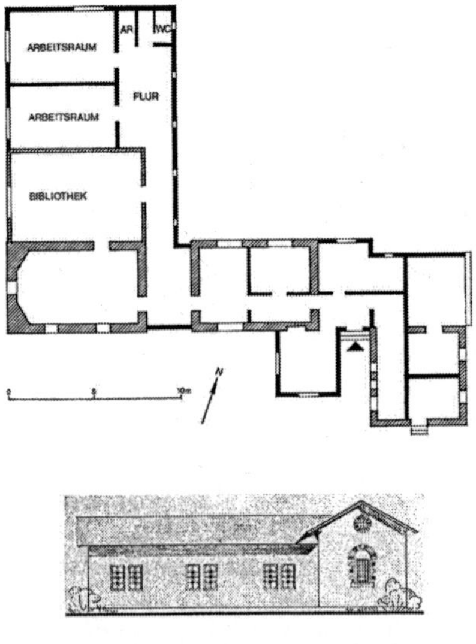

(Abb. 12) Erweiterungsbau des Institutsgebäudes (Praetorium) 1975 – 77. Grundrissplan und Aufrisszeichnung (rechts Altbau)

hin zur Wiederherstellung eines Peristylbaus, also jenes Gebäudetyps, der für das Kommandantenhaus innerhalb eines Kastells in Frage kam. Er schreibt dazu: „Bei dem Entwurf des Erweiterungsbaus gingen wir von der Erwägung aus, dass das rekonstruierte ‚Quaestorium' sehr wahrscheinlich der Südflügel des Praetoriums war, das man innerhalb des Kastells annehmen muss. Wie üblich, dürfte das Praetorium ein Bau mit Innenhof gewesen sein. Bei der Saalburg lag es sicher nicht wie bei den meisten Auxiliarkastellen im Mittelteil des Lagers rechts neben den Principia [...]. Dort befanden sich vielmehr langgestreckte Mannschaftsbaracken. Die Lage unseres Praetoriums in der rechten Hälfte des Vorderlagers wird neben den erwähnten Bauresten des ‚Quaestoriums' durch ein Bassin wahrscheinlich gemacht, das wohl eine Art Zisterne im Innenhof gewesen sein dürfte [...]; ein ähnliches Bassin gibt es beispielsweise im Praetorium des Kastells Wiesbaden. Anfangs war das Praetorium der Saalburg vermutlich ein reiner Fachwerkbau; später ist der Südflügel in Steinbauweise erneuert worden, während die anderen drei Flügel offenbar Fachwerkbauten blieben. [...] Um dem ehemaligen Zustand des Gebäudes näherzukommen, haben wir den Erweiterungsbau als Westflügel des ehemaligen Praetoriums geplant, und zwar als schlichten Fachwerkbau im Stil der übrigen Holzbauten der Saalburg."

Der Anbau wurde also in einer leichten Holz-Fachwerkkonstruktion errichtet, die reversibel sein sollte. Bodeneingriffe wurden so gut es ging vermieden und lediglich Streifenfundamente angelegt, wodurch eventuell noch im Untergrund vorhandene archäologische Befunde weitestgehend unberührt blieben. Bei der Ausführung der äußeren Gestaltung verwendete man eine hölzerne Stülpschalung, die sich an den Holzbauteilen der wilhelminischen Zeit orientierte. Somit fügte sich der Anbau harmonisch in den bestehenden Baubestand ein. Im Innern konnten nun die dringend erforderlichen Büroräume für das wissenschaftliche Personal, ein großer Erweiterungsraum für die Bibliothek sowie endlich auch Sanitärräume untergebracht werden.

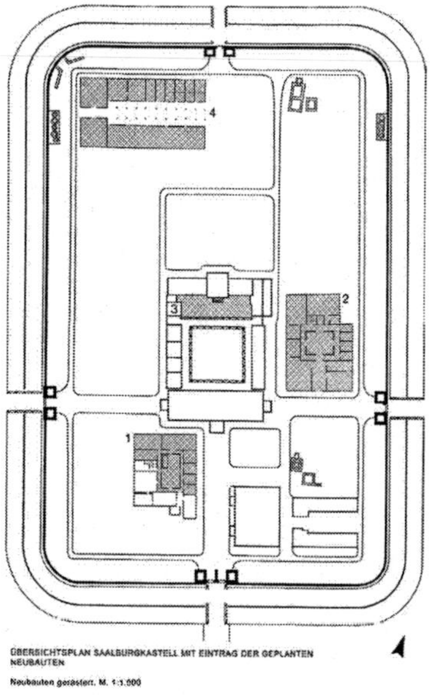

(Abb. 13) Erste Pläne zum Weiterbau des Saalburg-Kastells von 1995. Im südwestlichen Kastellareal ergänzter Grundriss des Institutsgebäudes (Praetorium)

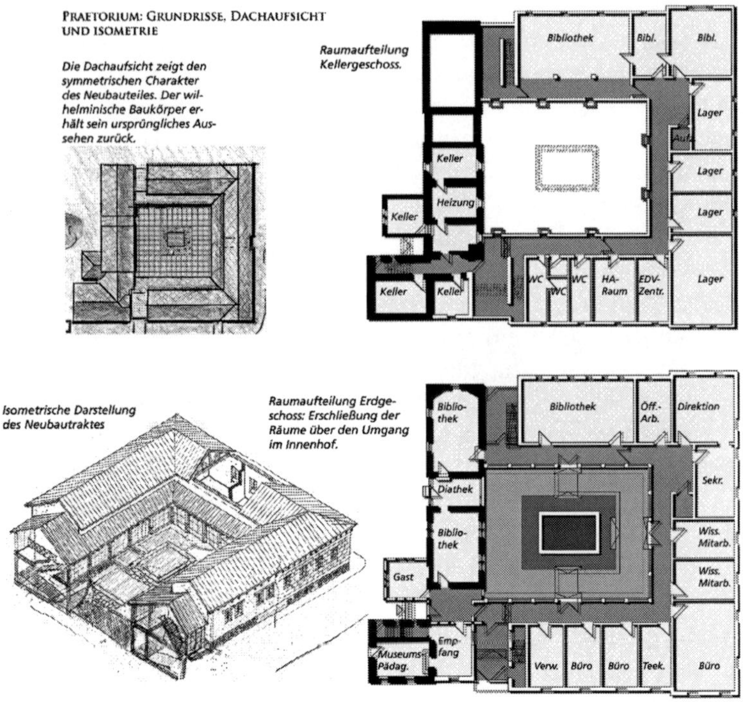

(Abb. 14) Erweiterungsbau des Institutsgebäudes (Praetorium) 2003/04. Grundrisspläne und Isometrie des Neubauteils

Der neue Erweiterungsbau – Planungsphase, Leitlinien, Wissenschaftlicher Beirat

Schon 1995 legte das Saalburgmuseum erste Pläne vor, die den Ausbau des Saalburg-Kastells zu einem archäologischen Park vorsahen (Abb. 13).

Dabei wurden auch Überlegungen angestellt, das Institutsgebäude zu erweitern. Der um den Anbau der 1970er Jahre erweiterte Bau war mittlerweile zu klein geworden. Die Mitarbeiterzahl in der Museumsverwaltung und im Wissenschaftsbetrieb hatte sich vergrößert. Die Bibliothek mit über 30 000 Bänden konnte nicht mehr angemessen untergebracht werden. Das Gebäude platzte sozusagen aus allen Nähten. Zudem konnten die Anforderungen, die an moderne Arbeitsräume gestellt werden, von dem vorhandenen Bau nicht mehr erfüllt werden. Die Planungen sahen vor, den nunmehr mit einiger Sicherheit als Teil des ehemaligen Kommandantenhauses bestimmten Komplex so zu erweitern, dass tatsächlich ein Praetoriumsbau in Form einer Peristylanlage entstand, wie er in vielen anderen Kastellen an den Grenzen des Römischen Reiches typisch war. Dabei sollte eine Erweiterung der baulichen Anlage Rücksicht nehmen auf die archäologischen

Strukturen und den wissenschaftlichen Forschungsstand, aber auch auf die vorhandenen Gebäude aus wilhelminischer Zeit. Nachdem die Hessische Landesregierung im Jahr 2000 die Ausbaupläne des Saalburgmuseums zum archäologischen Park in ihr kurz zuvor beschlosenes Kulturinvestitionsprogramm aufgenommen hatte, konnten die Detailplanungen beginnen.

Für den weiteren Ausbau des Institutsgebäudes wurden allerdings eigene Haushaltsmittel zur Verfügung gestellt.

Grundlage für die Planungen stellten Leitlinien dar, die als „Ideeller Planungsansatz" für den Weiterbau der Saalburg wie folgt formuliert wurden: „Die Saalburg ist der Kompromiss zwischen Authentizität, auf wissenschaftlicher Grundlage vorgenommener Rekonstruktion sowie der Schaffung einer ideell und physisch erfahrbaren Erlebniswelt der Antike. Die Saalburg ist daher ein archäologisches Experiment mit ‚nach oben hin' nahezu offenem Ausgang.

Die Rekonstruktionen auf der Saalburg wurden sowohl auf den originalen Fundamenten errichtet als auch ohne Befundnachweis rekonstruiert (siehe Mannschaftsbaracken). Die Rekonstruktionen auf der Saalburg trugen stets auch den musealen und museumstechnischen Anforderungen Rechnung (siehe wilhelminischer Keller unter dem horreum als Koksbunker – heute Magazinraum). Die Rekonstruktionen auf der Saalburg haben den Aspekt des archäologischen Parks berücksichtigt, in dem ‚römische' Bauten in die umgebende Natur ansprechend eingebunden wurden. Sie waren der Idee des archäologischen Parks verbunden, indem sie Wissenschaft, verständliche Wissenschaftsvermittlung und ansprechendes, den Kulturgenuss stimulierendes Ambiente miteinander vereinten, also: insgesamt den Themenzusammenhang Bildung und Erholung boten. Die geplanten Baumaßnahmen stehen in dieser Tradition.

Sie berücksichtigen die verschiedenen historischen Schichten und Denkmalebenen, welche die Saalburg bietet: die römische Epoche (Fundamente, Befunde), die wilhelminische Epoche (Denkmaleigenschaft, Parkeigenschaft, Bildungseinrichtung), die Gegenwart (Anforderungen an ein modernes Museum angesichts der Wahrnehmungsüberflutung der heutigen Zeit, das Einrichtungen für Wissenschaft, Wissenschaftsvermittlung, betriebswirtschaftliche Bereiche, Erholungs- und Restaurationselemente vorsieht), die Zukunft (Perspektive Archäologisches Landesmuseum mit dem Themenzusammenhang ‚Kelten/Römer/Germanen'). Das geplante Bauprogramm ist den genannten Aspekten verpflichtet: Authentizität, wo möglich, Rekonstruktion auf wissenschaftlicher Grundlage, Schaffung neuer Räume für die vielfältigen Zwecke eines modernen Museums im ‚römischen' Gewand, Erhaltung des wilhelminisch geprägten parkähnlichen Erscheinungsbildes."

Ein wissenschaftlicher Beirat, der erstmals im März 2001 tagte, begleitete in mehreren Zusammenkünften und Diskussionsrunden die Planungen und deren anschließende Umsetzung auf der Grundlage der Leitlinien. Bei den

Treffen kam es zu ernsten und außerordentlich interessanten, fruchtbaren Diskussionen, bei denen es um Fragen der römischen Archäologie, der Baugeschichte, der Denkmalpflege, der Museumspädagogik und den Museumsbetrieb insgesamt ging. Es waren Diskussionen, die sich oftmals zu regelrechten geschichtsphilosophischen Betrachtungen auswuchsen. Die Vorschläge zum Weiterbau des Institutsgebäudes reichten von „Ansetzen eines Gebäudeteils aus einer Stahl-Glas-Konstruktion“ bis hin zum „Anpassen an den wilhelminischen, steinsichtigen Baubestand“. Schließlich setzte sich im Konsens aber die Ansicht durch, dass hier eine vierflügelige Anlage mit Peristyl errichtet werden und dessen Außenansicht der römischen Architektur nach dem heutigen Forschungsstand entsprechend gestaltet werden solle. Es wurde eine deutliche Abgrenzung zu dem wilhelminischen Bauteil gefordert, der sich allein schon dadurch erreichen ließe, dass das Gebäude weiß verputzt und mit einem roten Fugenstrich versehen werden könne, womit man ohnehin dem derzeitigen Forschungsstand folge. Im Inneren könne auf detailgenaue Rekonstruktion verzichtet werden und die Aufteilung und Ausstattung der Räume auf die Funktionen Verwaltungs-, Wissenschafts- und Museumsbetrieb ausgerichtet werden.

Vor dem Bau archäologische Ausgrabungen

Bevor mit den Baumaßnahmen begonnen wurde, erfolgten archäologische Ausgrabungen (Abb. 15). Zwar konnte

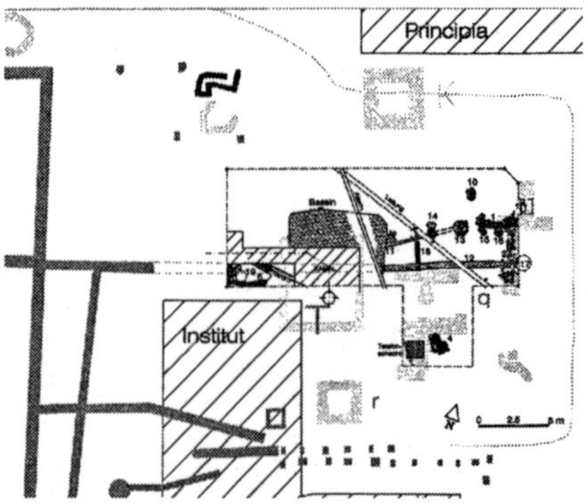

(Abb. 15) Plan der Grabung auf dem Areal des Erweiterungsbaus des Institutsgebäudes (Praetorium) 2003

man davon ausgehen, dass durch die Ausgrabungen des 19. und frühen 20. Jahrhunderts, die von dem Bemühen geprägt waren, das gesamte Areal des Saalburg-Kastells aufzudecken, kaum noch ungestörte Befunde in situ erhalten waren, doch gebot es die Bedeutung des Ortes, selbst eventuell noch letzte erhaltene Reste zu dokumentieren. Die früheren Ausgräber, besonders Louis und Heinrich Jacobi, hatten sich ja darum bemüht, möglichst den vollständigen Grundriss einer römischen Kastellanlage am Obergermanischen Limes zu erhalten. Tatsächlich stellte es sich bei den jetzigen Untersuchungen heraus, dass bis auf ganz geringe Reste bereits alles umgegraben war. Die von den Jacobis dokumentierten Strukturen ließen sich teilweise wieder finden.

Dies betraf besonders das schon damals aufgenommene Bassin, dessen nördlicher Bereich als Grube zu erkennen war. Reste einer Ost-West-gerichteten Holzbebauung könnten vielleicht auf eine erste Bauphase des Praetoriums in Holzfachwerk hinweisen. Möglicherweise sind die Strukturen, zu denen scheinbar auch Drainage- oder Abwassergräbchen gehörten, aber auch Bauten zuzuweisen, die noch zur älteren Numeruskastellphase (Erdkastell) gehört haben und dann außerhalb dieses wesentlich kleineren Kastells gelegen hätten, das heute noch im Innern der Saalburg an den Gräben zu erkennen ist. Ein Mauerstück der von Jacobi bereits angetroffenen Mauerwinkel (Abb. 2, bei q) befand sich noch in situ. Dies zeigt, dass seine Befundaufnahme richtig war. Unterhalb des Mauerwerks lag eine Brandschicht, aus der einiges Fundmaterial, vor allem Keramik, geborgen werden konnte. Sie datiert den Brand und die Einplanierung des Brandschuttes möglicherweise in die Jahre um 160 n. Chr. Die aufgedeckten Bauspuren ließen sich zwar nicht mehr zu dem Grundriss eines Praetoriums rekonstruieren, sie sprechen aber nicht eindeutig gegen die Argumentation, an dieser Stelle innerhalb des Saalburg-Kastells das Kommandantenhaus zu lokalisieren. Offenbar bestanden Ost-, Nord- und Westflügel eines solchen Baus an dieser Stelle tatsächlich aus Holz-Fachwerkbauten, deren Reste im Boden von Jacobi nicht mehr in Gänze festgestellt werden konnten, die aber durch seine Grabungen und vor allem durch die seiner Vorgänger zerstört worden waren, sodass auch keine Chance mehr bestand, umfassendere Erkenntnisse gewinnen zu können.

Der Erweiterungsbau wird realisiert

Der Erweiterungsbau wurde innerhalb

(Abb. 16) Der Erweiterungsbau des Institutsgebäudes (Praetorium) während der Bauausführung

eines Jahres von Juni 2003 bis Mai 2004 errichtet (Abb. 16). Bei seiner Ausführung mussten aus Kostengründen moderne Baumaterialien (Porotonsteinmauerwerk, Stahlbetondecken, industriell gebrochener Dachschiefer) verwendet werden. Gegenüber dem wilhelminischen Bauteil, dem ehemaligen quaestorium, erfolgte eine stärker dem neuesten Forschungsstand angepasste „römische" Gestaltung. Diese betraf etwa die Gebäudegliederung und die Gebäudehöhe. Aufgrund neuer Grabungsbefunde muss davon ausgegangen werden, dass römische Bauten insgesamt höher ausgefallen sind. Demzufolge wurde der Erweiterungsbau gegenüber dem alten Bau erhöht, der Dachfirst mittig gelegt. Die Zwillingsfenster des alten Baus wurden allgemein als unrömisch angesehen. Der Erweiterungsbau erhielt einfache Fenster, bei denen Format und Sprossierung zwar „römisch" angemutet sind, die aber dennoch den Arbeitsstättenrichtlinien im Hinblick auf die Zuführung von Tageslicht entsprechen mussten. Trotz zunächst bestehender Befürchtungen, durch den weißen Verputz mit Fugenstrich könne möglicherweise eine Verfälschung der Einheitlichkeit der Saalburg in ihrem äußeren (durchgängigen) Erscheinungsbild erfolgen, hielt der Beirat an dem nach wissenschaftlichen Erkenntnissen auszuführenden Verputz fest. Dabei konnte durch das ausgeführte Format der Quaderung und durch die Andeutung eines Fenstersturzes in Tympanonform eine Kleinteiligkeit erreicht werden, die sehr schön zwischen dem steinsichtigen Bruchsteinmauerwerk der wilhelminischen Bauten und dem neuen Bauteil vermittelt. Ein Putz ohne Fugenstrich hätte den Kontrast deutlicher hergestellt. Bei der Sockelzone wurde ein Glattputz mit pompejanischroter Farbgebung vorgeschlagen. Hier wäre auch eine steinsichtige Sockelzone aus Bruchsteinmauerwerk denkbar gewesen, die möglicherweise noch etwas stärker zwischen altem und neuem Baubestand vermittelt hätte. Der neue Bauteil sollte deutlich von dem wilhelminischen abgesetzt werden. Dies gelang durch das Einfügen einer „Gelenkstelle" in Form der breiten, hölzernen Zugangstür, die etwa aus der Mitte nach Süden des Ostflügels eingebracht wurde. Obwohl keine antiken Regenrinnen bekannt sind, wurde der Anbringung von Dachkandeln zugestimmt. Dies ist auch in anderen archäologischen Parks üblich, einfach aus Gründen der Bauunterhaltung.

(Abb. 17) Zeichnerische Rekonstruktion des Praetoriums des Kastells Housesteads (England)

Die Innenräume und der Innenhof des Praetoriums

Bei der Innenraumgestaltung und -einrichtung wurden zwar besonders die funktionalen Anforderungen an ein modernes Bürogebäude berücksichtigt, der aufgenommene Grundriss darf aber dennoch als unmittelbar an römischen Vorbildern orientierter Plan betrachtet werden. Als Plangrundlage wurde vor allem der Grundriss des Praetoriums im Kastell Housesteads am Hadrians Wall in England herangezogen (Abb. 17).

Es können aber auch noch Baudetails weiterer Praetoriumsbauten angeführt werden, die gerade bei jüngsten Forschungen behandelt wurden. Das praetorium der Saalburg weist bei Raumanordnung und Raumgliederung dazu Parallelen auf. So besitzt zum Beispiel das praetorium des Kastells von Buciumi am Limes Porolissensis in Dakien, dem heutigen Rumänien, einen Peristylgrundriss, in den ein ähnlicher Raumtrakt eingefügt ist wie der auf den antiken Grundrissen von Louis Jacobi 1906 errichtete Gebäudeteil des heutigen Praetoriums (Abb. 18).

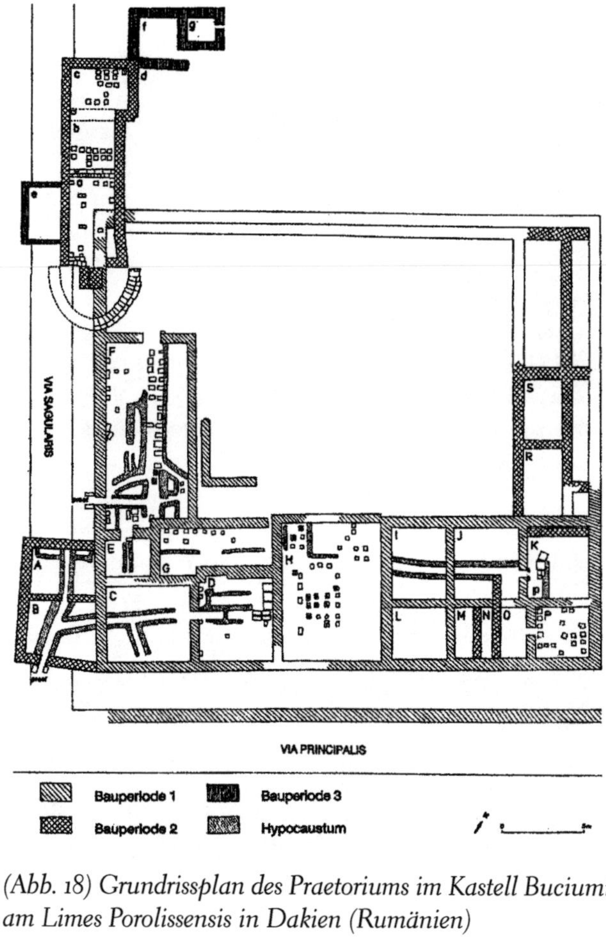

(Abb. 18) Grundrissplan des Praetoriums im Kastell Buciumi am Limes Porolissensis in Dakien (Rumänien)

Allgemein kann die Innenraumeinteilung eines antiken Praetoriums wie folgt beschrieben werden: Betrat man das praetorium von der Straße her, gelangte man meistens in eine Eingangshalle, die von kleinen Räumen flankiert sein konnten, vielleicht eine Art Empfang oder Wachstuben für die Stabswache. Die Eingangshalle führte zumeist direkt zum Innenhof, der über eine nach innen liegende überdachte Wandelhalle (porticus) betreten werden konnte. Direkt gegenüber dem Haupteingang lag bei vielen Kommandantenhäusern ein größerer Raum jenseits des Innenhofs. Er konnte von diesem aus betreten werden. Es dürfte sich dabei um das Speisezimmer, das triclinium, gehandelt haben. Im Übrigen bestand das Haus vor allem aus Fluchten kleinerer und größerer Räume, die jeweils zum privaten Wohntrakt des Kommandanten – meist in den zu den ruhigen

Kastellarealen hin orientierten Flügeln des Gebäudes gelegen, zu einem Gäste- und Dienertrakt sowie zu einem Dienst- und Bürobereich gehört haben. Fast all dies ist in etwa auch im heutigen praetorium des Saalburg-Kastells verwirklicht. Lediglich dort, wo in der Antike den

(Abb. 19) Erweiterungsbau des Institutsgebäudes (Praetorium). Blick in den Wandelgang um den Innenhof

Genüssen der Küche gefrönt wurde, lässt sich heute geistige Nahrung aufnehmen. Hier befindet sich nämlich der große Bibliotheksraum.

Zu einem wunderschönen Bauteil ist das Peristyl geworden (Abb. 19).

Hier wird das Gefühl, in einem römischen Gebäude zu sein, am meisten angesprochen, und man erhält eine Vorstellung von der räumlichen Dimension, die ein solches Kommandantengebäude in der Antike haben konnte. Zwar handelt es sich bei dem an den drei neu angebauten Flügeln überdachten Wandelgang nicht mehr um eine zum Innenhof offene porticus, sondern um einen durch breite Fensterflächen aus kleinteiligen Sprossenfenstern geschlossenen Umgang, der die einzelnen Räume – wie in der Antike – zugänglich macht, doch wirken Gestaltung und Ausstattung nahezu originalgetreu. Das Holz der Überdachung ist sichtbar. Die Tragbalken liegen auf Konsolsteinen aus Basalttuff auf, die aus den Wänden herausragen. An den Wänden sind Leuchten angebracht, die das elektrische Licht hinter antik anmutenden Fackelfächern verstecken. Die Türen zu den einzelnen Räumen wurden in Schalbretterweise ausgeführt und deuten antike Form an. Über jeder Tür befinden sich Oberlichter, die mit Sprossen in Form von Andreaskreuzen versehen sind. Das Motiv des Andreaskreuzes findet sich an vielen Baudetails innerhalb des Saalburg-Kastells gleichsam als Leitmotiv wieder. Im ganzen Umgang befinden sich die Abgüsse von antiken Denkmälern, meist Weihealtäre mit Inschriften, die hier in römischer Zeit auch so gestanden haben dürften. In der Mitte des Innenhofes liegt ein Wasserbecken, das noch mit einem Mosaik und einem Wasserspeier geschmückt werden soll. Der Gartencharakter dieses Gebäudeteils wird durch ansprechende Bepflanzung hervorgehoben.

Dach- und Kellergeschosse

Der Erweiterungsbau des Saalburg-Praetoriums wurde vollständig unterkellert. Dies war in römischer Zeit nicht der Fall. Aber schon den Praetoriumsteil von 1906 stattete Jacobi mit einem Keller aus, der jetzt an die neue Unterkellerung angeschlossen wurde. Der Erweiterungsbau erhielt durch den Keller eine Fensterreihe in der Sockelzone. Der Keller ragt insgesamt etwas höher aus dem Boden heraus, weil das gesamte Gebäude wie beschrieben in die Höhe „gezogen" wurde. Die Kellerfenster erhielten die auf der Saalburg übliche Eisenvergitterung, die sich in ihrem Aussehen an Originalfunden aus dem Kastell orientiert. Das Kellergeschoss bietet nun genügend Platz zur Lagerung des für den Museumsbetrieb notwendigen Materials (Museumsshopartikel, Druckschriften und Bücher, Büromaterial usw.) und stellt eine Bereicherung für das Haus dar. Hier sind auch endlich die erforderlichen geschlechtsspezifisch getrennten Sanitäreinrichtungen vorhanden. Der Keller ist über zwei Treppen zugänglich, die in den „Gelenkstellen" zwischen wilhelminischer und neuer Bausubstanz hinter den Eingangstüren liegen. Er lässt sich aber auch mit Hilfe eines Lastenaufzuges erreichen. Der ganze Bau ist behindertengerecht ausgeführt.

Das Dachgeschoss bietet weitere Räumlichkeiten, die über eine Treppe zugänglich sind. Es wurde aus Kostengründen noch nicht voll ausgebaut, ist aber zum Ausbau vorbereitet. Ein hier vorhandener großer Raum ließe sich etwa als Arbeitsraum gestalten, in dem große archäologische Fundmaterialkomplexe ausgebreitet und bearbeitet werden könnten.

Die Bewohner des Praetoriums in der Antike

Der neue Bau auf der Saalburg, der antiken Grundrissplänen und Maßen folgt, lässt den in römischer Zeit auch so gewünschten repräsentativen Charakter des Gebäudes deutlich hervortreten. Seine Größe, sein Aussehen, seine Ausstattung reflektierten den Status der Bewohner des Hauses. Es handelte sich im Falle des Saalburg-Kastells um die familia des Kohortenpraefekten, also um die den Truppenkommandanten umgebene Lebensgemeinschaft von Familienmitgliedern, Freunden, Gästen, Bediensteten und Sklaven. Bei einem praefectus cohortis handelte es sich um einen römischen Ritter, also einen Angehörigen des nach dem Senatorenstand zweithöchsten gesellschaftlichen Standes im Römischen Reich. Ritterliche Familien waren in der Regel reich und gewohnt, in großen Stadt- und Landvillen zu wohnen. Deshalb orientierten sich die Praetoriumsbauten in den Kastellen eben an entsprechenden Vorbildern vor allem aus dem Mittelmeerraum. Die Rangunterschiede zwischen dem Chef der auf der Saalburg einst stationierten zweiten, teilweise berittenen Raeterkohorte mit römischem Bürgerrecht, dem praefectus cohortis II Raetorum civium Romanorum equitata und seinen Offizieren und Mannschaftsgraden äußert sich nirgends augenfälliger als an dem großen Praetoriumsbau. Während einem einfachen Soldaten in seiner Mannschaftsstube kaum mehr als drei Quadratmeter zur Verfügung standen, residierte der Praefekt im Gegensatz dazu in einer regelrechten palastartigen Wohnanlage. Wir kennen sogar die Namen von zwei Praefekten des Saalburg-Kastells: Caius Mogillonius Priscianus und Sextius Victor. Beide dürften ehemals keltischen Familien angehört haben, die schon lange das römische Bürgerrecht besaßen und den Aufstieg in die herrschenden Schichten des Imperium Romanum erreicht hatten. Ihre Mitglieder konnten zumeist hohe Ämter in der römischen Armee und in der Reichsverwaltung bekleiden. Oft stand am Anfang ihrer Karriere der Dienst bei den Truppen, der in einem bestimmten Schema ablief. Zunächst übernahmen sie das Kommando über eine 500 Mann starke Fußtruppe (praefectus cohortis quingenariae). Nach in der Regel zwei bis vier Jahren folgte der Posten des Legionstribunen, von denen eine Legion fünf ritterliche und einen senatorischen zu vergeben hatte. Da die ritterlichen Tribunen im Gegensatz zu dem senatorischen einen schmalen roten Schmuckstreifen an ihrer Toga trugen, nannte man sie tribunus legionis angusticlavius. (Der senatorische Tribun wurde tribunus legionis laticlavius genannt.) In dieser Stufe konnte aber auch eine 1000 Mann starke Fußtruppe kommandiert werden (tribunus cohortis milliariae). In der dritten Stufe erhielten sie dann ein Kommando über eine 500 Mann starke Reitereinheit (praefectus alae quingenariae). Damit war der Militärdienst der Ritter meistens beendet und sie konnten nun in höhere Zivilämter des Imperiums aufsteigen. Einige Offiziere erhielten als vierte Stufe den seltenen und begehrten Posten des Praefekten einer 1000 Mann starken Reitereinheit (praefectus alae milliariae). Die einzelnen Posten waren natürlich auch mit einer entsprechenden Besoldung verbunden, die zwischen 40 000 bis 100 000 Sesterzen jährlich liegen konnte. Zum Vergleich: ein einfacher Soldat der Saalburg erhielt 1200 Sesterzen im Jahr.

Ausblick

Mit der Erweiterung des Institutsgebäudes im Saalburg-Kastell sind jetzt die räumlichen Bedingungen geschaffen, um die erfolgreiche Arbeit des Saalburgmuseums fortsetzen zu können. Es hat acht Jahre gedauert, um von den ersten Plänen hin zur Fertigstellung des Baues zu gelangen, wobei die eigentliche Baumaßnahme innerhalb eines Jahres durchgeführt werden konnte. Dies mag auf den ersten Blick als eine lange Zeit erscheinen, sie war im Nachhinein betrachtet aber notwendig, um das Projekt reifen und zu einem guten Ergebnis kommen zu lassen. Der neue Baukörper passt sich – wie wir meinen – ansprechend in das bestehende Ambiente des in wilhelminischer Zeit wieder aufgebauten Kastells ein. Die Mitarbeiterinnen und Mitarbeiter des Saalburgmuseums haben mit großer Freude ihre neuen Räume bezogen und sind dankbar, in einer so schönen Umgebung arbeiten zu können. Der neue Bau motiviert sie, die sich ohnehin über das übliche Maß hinaus in hervorragender Weise engagieren, zusätzlich. Da die Planungsaufträge für die Baumaßnahmen bereits erteilt sind, mit denen die Saalburg weiter ausgebaut wird, sind alle zuversichtlich, dass die Anlage bald zu dem angestrebten archäologischen Park gestaltet wird. Die Maßnahmen, die aus Mitteln des Kulturinvestitionsprogramms der Hessischen Landesregierung finanziert werden, sollen bis 2007 abgeschlossen sein. Dann wird das Römerkastell Saalburg – Archäologischer Park seinen Besuchern vielfältige neue Eindrücke und Erlebnisse bieten können, ihnen aber auch weiterhin als Stätte der Erarbeitung und Vermittlung wissenschaftlicher Ergebnisse entgegentreten.

Literatur:

- Dietwulf Baatz, Bericht des Saalburgmuseums für die Jahre 1974 – 1977. Saalburg-Jahrbuch 35, 1978, S. 108 – 110.
- Ders., Die Saalburg. Ein Führer durch das römische Kastell und seine Geschichte. 1. Auflage (Bad Homburg 1968), S. 20.
- Peter Connolly, The Roman Fort (Oxford 1997).
- Rudolf Fellmann, Principia-Stabsgebäude. Kleine Schriften zur Kenntnis der römischen Besetzungsgeschichte Südwestdeutschlands Nr. 31 (Aalen 1983).
- Dan Isac, Praetoria in dakischen Militärlagern. In: Ders., Viata cotidiana in castrele Daciei Porolissensis (Cluj-Napoca 2001), S. 44 – 69.
- Heinrich Jacobi, Das Kastell Saalburg. In: Oskar von Sarwey, Felix Hettner, Ernst Fabricius (Hg.), Der Obergermanisch-Raetische Limes des Roemerreiches in Deutschland Abt. B II, 1 (1937).
- Louis Jacobi, Das Römerkastell Saalburg bei Homburg vor der Höhe. (Homburg vor der Höhe 1897).
- Anne Johnson, Römische Kastelle des 1. und 2. Jahrhunderts n. Chr. in Britannien und in den germanischen Provinzen des Römerreiches. (Mainz 1987).
- Jens Peuser, Zur Rekonstruktion des Saalburg-Kastells. Saalburg-Jahrbuch 51, 2001 (2003), S. 243 – 306.
- Frank Saltenberger u. Egon Schallmayer, Archäologische Untersuchungen im Saalburg-Kastell. Hessenarchäologie 2001 (Stuttgart 2001), S. 86 – 89.
- Egon Schallmayer (Hg.), Hundert Jahre Saalburg. Vom römischen Grenzposten zum europäischen Museum. (Mainz 1997).
- Hans Schönberger, Führer durch das Römerkastell Saalburg. 14. Auflage (Bad Homburg 1948), S. 8.
- Ders., ebda. 22. Auflage (Bad Homburg 1964), S. 11.

Die Abbildungen wurden der zitierten Literatur entnommen.

Egon Schallmayer

Der Römische Limes: Grenzschutz für Germanien und Gallien

Die Beschäftigung mit dem Thema Limes (Abb. 1), mit der Grenze des Römischen Reiches, stößt zurzeit in Forschung und Wissenschaft, aber auch in den öffentlichen Medien und in weiten Kreisen der Bevölkerung auf ein großes Interesse. Dies liegt zum einen sicherlich an der von der römischen Antike, den Relikten der römischen Geschichte und Archäologie in unserem Land immer wieder ausgehenden Faszination, zum anderen aber wohl auch an dem gegenwärtig von den vier Bundesländern Bayern, Baden-Württemberg, Hessen und Rheinland-Pfalz bei der UNESCO in Paris gestellten Antrag, den Obergermanisch-Raetischen Limes, die römische Reichsgrenze auf dem Boden des heutigen Deutschland also, in die Liste des Welterbes der Menschheit aufnehmen zu lassen. Mit Spannung verfolgen Wissenschaftler, Museumsleute, Touristiker, Regionalpolitiker und die interessierte Öffentlichkeit den Ausgang des medienwirksam inszenierten Antragsverfahrens, über das Anfang Juli 2005 auf einer Sitzung des Welterbekomitees in Durban, Südafrika, entschieden wird. Dem Antrag liegt eine umfangreiche Dokumentation über dieses mit über 550 km Länge größte Bodendenkmal in Deutschland, ja in Mitteleuropa, zugrunde, die im Gelände mit Hilfe neuester Vermessungsmethoden in den letzten Jahren entstanden ist (Abb. 2). Die Unterlagen enthalten aber nicht nur die topografischen Details, vielmehr beschreiben sie auch ganz genau den heutigen Zustand der einstigen Grenzanlagen. Darüber hinaus wurde ein Managementplan erarbeitet, der gegenüber der UNESCO darlegt, wie das archäologische Denkmal als Welterbestätte zukünftig geschützt, wissenschaftlich weiter erforscht, für die Allgemeinheit in seiner historischen Aussage aufbereitet und für die Gesellschaft in einem touristischen Sinne erschlossen werden soll. Seit den Untersuchungen der Reichs-Limeskommission ist dies

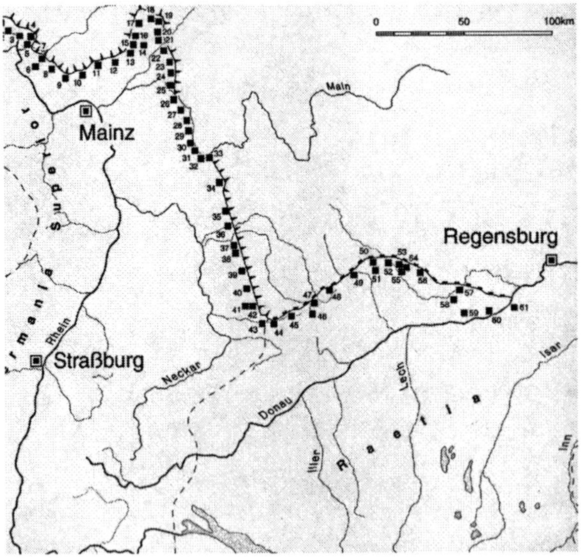

(Abb. 1) Der Obergermanisch-Raetische Limes

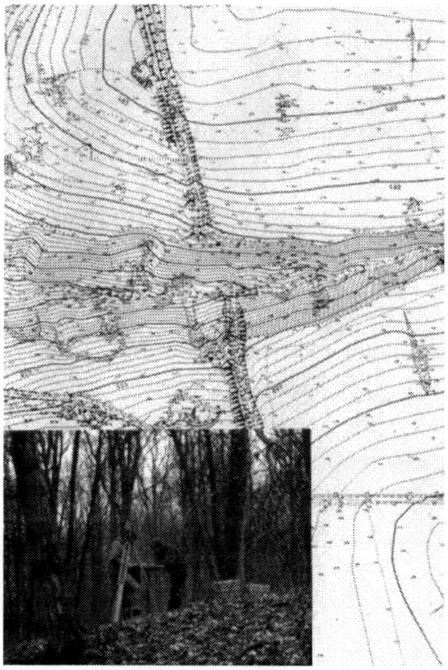

(Abb. 2) Geländetopografische Aufnahme des Limes als Bodendenkmal im Gelände mit Hilfe eines Tachymeters (u. l.) und Vermessungsplan eines Limesabschnittes

nach über 100 Jahren wieder eine vollständige Neuaufnahme des Obergermanisch-Raetischen Limes. Und obgleich die dabei erhobenen Fakten bei weitem noch nicht ausgewertet sind, zeichnen sich schon jetzt teilweise völlig neue Erkenntnisse zu Limesverlauf, zu Funktion, Chronologie, Aussehen der einzelnen Kastellanlagen und Wachtturmstellen sowie zu den Verbindungslinien, also den Römerstraßen in das Limeshinterland hinein, ab. Modernste archäologische Methoden wie etwa die Luftbildarchäologie oder solche der Naturwissenschaften wie Geophysik oder Erdradar machen diese neuen Erkenntnisse möglich.

Schon seit geraumer Zeit lässt sich in der wissenschaftlichen Diskussion ein Wandel bei der Beschreibung des Limes als Reichsgrenze erkennen: dies in besonderer Weise im Hinblick auf seine Funktion. Bei den Forschungen der Reichs-Limeskommission standen – dem Zeitgeist entsprechend – noch Bewertungen aus einem rein militärischen Blickwinkel im Vordergrund. Es waren Vorstellungen von der römischen Grenze zu Germanien hin, die von dem Bild stark befestigter, vermeintlich unüberwindlicher Verteidigungslinien bestimmt waren, welche unschwer die Militärstrategien der Zeit erkennen lassen. Diese Vorstellungen fanden noch bis in die 1980er Jahre Nahrung in den Grenzszenarien einer in Ost und West geteilten Welt. Offenbar erst unter dem Eindruck des KSZE-Prozesses und nachfolgend vor allem durch den Fall des Eisernen Vorhanges, der Berliner Mauer und der innerdeutschen Grenze veränderte sich die Meinung über Zweck und Bedeutung des Limes. Nicht mehr die unüberwindlich erscheinende Maginotlinie oder der angeblich Panzer hindernde Westwall oder auch die mit Todesstreifen versehene Demarkationslinie zwischen den Militärblöcken des Kalten Krieges standen nun Pate bei der Beschreibung der römischen Grenze, sondern Aspekte wie zunächst die Einsicht in die Unmöglichkeit der militärischen Sicherung linearer Grenzen auf Dauer – bittere Erfahrungen, die immer wieder in der Weltgeschichte, vor allem aber im Ersten und Zweiten Weltkrieg gemacht werden mussten –, sodann aber auch Aspekte wie „Kleiner Grenzverkehr“, wirtschaftlicher Austausch, bevölkerungspolitische Lenkung, Abwehr von internationaler Kriminalität und ganz aktuell Sicherung der EU-Außengrenzen. Der Blick der Forschung hat sich angesichts der zeitgenössischen Veränderungen offenbar „geweitet“, wenngleich sich dabei nicht verkennen lässt, dass die Wissenschaftler, die sich heute mit der römischen Reichsgrenze befassen, wie jene aus der Epoche der Reichs-Limeskommission – trotz allen Bemühens um Objektivität – auch bei ihrer Arbeit durch die Strömungen des Zeitgeistes beeinflusst werden.

Ein Bewusstseinswandel im Umgang mit den Rändern des Imperium Romanum zeichnete sich auch bei den Römern selbst ab, als sie zu Beginn des 2. Jahrhunderts n. Chr. darangingen, dic Grenzen zu markieren und ihr Reich einzuzäunen, also den Limes einzurichten. Bis dahin galt das offensive, imperiale Moment bei der Betrachtung der Welt aus römischer Sicht, wie dies Cicero treffend zum Ausdruck gebracht hatte: „fines provinciae fuerint qui gladiorum atque pilorum“, frei übersetzt: „Die Grenzen des Reichs reichen so weit wie die Macht seiner Schwerter und Lanzen.“ Das Imperium Romanum verstand sich damit eo ipso als unendlich.

Zwischen dieser Staatsdoktrin Ciceros und dem Bau der ersten Anlagen am Limes – in einer Zeitspanne von 150 Jahren – hat sich in den Köpfen der Menschen, und besonders in denen der handelnden Personen, etwas bewegt, denn der Limes manifestierte im Grunde genommen nicht nur die Aufgabe der imperialen und auf Erweiterung ausgerichteten Staatspolitik. Er dokumentierte vielmehr das Eingeständnis der Defensive, des sozusagen tatsächlich „An-die-Grenzen-der-Macht-gekommen-Seins“.

(Abb. 3) Publius Aelius Hadrianus. Römischer Kaiser 98–117 n. Chr.

Es war der von 117–138 n. Chr. regierende Kaiser Hadrian (Abb. 3), der diese Selbstbeschränkung des römischen Staatswesens in einer physischen Weise durchführte und damit die Grenzen des Reiches in einem staatsrechtlichen Sinne markierte. Sein Chronist berichtet: „Überall dort, wo die Barbaren nicht durch Flüsse, sondern durch künstliche Sperren vom Reichsgebiet getrennt waren, ließ er hölzerne Palisaden errichten.“ Der kaiserliche Befehl dürfte schon kurz nach dem Regierungsantritt Hadrians ergangen sein, denn archäologische Ausgrabungen an der Limespalisade beim Kastellort Mar-

(Abb. 4) Hammersbach-Marköbel. Hölzer der Limespalisade während der Ausgrabung

köbel (Gemeinde Hammersbach, Main-Kinzig-Kreis) am östlichen Wetteraulimes, die in den letzten zwei Jahren durchgeführt wurden, haben gezeigt, dass die dort eingegrabenen Eichenstämme im Sommer des Jahres 120 n. Chr. gefällt und wohl auch verbaut worden sind (Abb. 4). Das Datum ließ sich durch eine weitere naturwissenschaftliche Methode festlegen, die Dendrochronologie, d. h. durch die Altersbestimmung mit Hilfe der jährlichen Wachstumsringe von Eichenhölzern.

(Abb. 5) Hadrian's Wall beim Kastell Housesteads in Nordengland

Hadrian bereiste in den Jahren 121/122 n. Chr. die Nordwestprovinzen seines Reiches, offenbar auch um sich ein Bild davon zu machen, wie weit seine Anordnungen zur Grenzsicherung umgesetzt worden waren. In Obergermanien wird er so den Limes besichtigt, in Britannien möglicherweise sogar den Baubeginn der Hadrianischen Mauer (Hadrian's Wall) (Abb. 5) miterlebt haben. Hadrian hat mit diesen Maßnahmen das Reichsgebiet in Britannien und Germanien umfriedet.

Warum ist es zu dieser historischen Kehrtwende in der römischen Grenzpolitik gerade unter diesem Kaiser gekommen? Wie sein Vorgänger auf dem Kaiserthron, Marcus Ulpius Traianus (Abb. 6), hatte auch Publius Aelius Hadrianus die normale Karriere eines römischen

(Abb. 6) Marcus Ulpius Traianus. Römischer Kaiser 98 – 117 n. Chr.

Senators durchlaufen: Er diente mit Auszeichnungen als Legionstribun – u. a. in der 22. Legion (legio XXII Primigenia pia fidelis) in Mainz –, wurde Legionskommandeur und schließlich Provinzstatthalter in Syrien, bevor er nach dem Tode Traians selbst Kaiser wurde. Stets hatte er seinem Vorgänger loyal gedient und galt als dessen Nachfolger, wenngleich sich offenbar Traian noch auf dem Sterbebett geweigert hat, ihn zu adoptieren und damit von sich aus zum Kaiser zu bestimmen. Trotz operativer Nähe waren beide Männer erkennbar unterschiedlich in ihrer Art und ihrem Denken. Traian war Soldat schon seiner äußeren Erscheinung nach. Seine Herrschaft drückt sich in ganz besonderem Maße durch militärische Tätigkeit aus. Er suchte den Kampfesruhm und wollte offenbar seine virtus imperatoris durch die Eroberung weiterer Provinzen unter Beweis stellen. Hadrian, der Griechenfreund, ein Schöngeist, umfassend gebildet und kenntnisreich, von intensiver Reiselust geprägt, die ihn als Kosmopoliten an alle Stätten der griechisch-römischen Zivilisation führte, Hadrian war der Mann des Friedens und der Stabilität.

Doch blicken wir noch etwas zurück: Traian hatte die Nachricht vom Tode seines Vorgängers Nerva, die ihn zum Kaiser werden ließ, als Statthalter in Germanien im Jahre 98 n. Chr. in Köln erhalten. Hier war er gerade damit beschäftigt gewesen, die inneren Belange der Provinzen an Ober- und Niederrhein zu ordnen. Dazu gehörte die Verlegung der Truppen aus dem nachmaligen Limeshinterland, wo sie seit den 70er Jahren des 1. Jahrhunderts n. Chr. entlang von Vormarschstraßen parallel zum Rhein, durch den Schwarzwald und mitten durch die Wetterau hindurch gelegen hatten, an die neu eingerichtete Grenzlinie. Diese Grenzlinie war ein Erbe Domitians, der in den Jahren 83–85 n. Chr. eine Offensive gegen die Chatten unternommen hatte, einen germanischen Volksstamm, der im Gebiet des heutigen Nordhessens siedelte. Die Chatten wurden von dem Kaiser als Bedrohung empfunden und veranlassten ihn zu einem Präventivkrieg gegen die Germanen. Spötter im römischen Lager meinten, Domitian habe den Krieg nur angezettelt, um eigenen Kriegsruhm zu ernten, und der Friede sei am Ende von den Germanen mit Geld erkauft worden. Der Kaiser aber schlachtete das Ergebnis propagandistisch geschickt aus, denn er ließ jetzt die Provinzen Germania superior (Obergermanien) mit der Hauptstadt Mogontiacum (Mainz) und Germania inferior (Niedergermanien) mit der Hauptstadt Colonia Claudia Ara Agrippinensium (Köln) ausrufen und das Germanenproblem, das ja in Rom seit den Zügen der Kimbern und Teutonen offen geblieben war, als endlich gelöst verkünden (Abb. 7). Was also selbst Augustus nicht gelungen war, nämlich Germanien in eine tributpflichtige Provinz zu verwandeln, schrieb sich nun Domitian auf die Fahnen.

Mit der Einrichtung der Provinzen stellte sich die Grenzfrage wie von selbst. In Niedergermanien war sie leicht zu entscheiden, denn hier diente der Rhein zwischen seiner Mündung in die Nordsee und dem Vingstbach, einem kleinen

Flüsschen nördlich von Koblenz, als natürliche Grenzlinie. In Obergermanien musste man die Grenze auf einer künstlichen Linie definieren, die am Rhein bei Neuwied anfing, durch den Taunus verlief, die Wetterau umschloss, entlang des Mains und durch den Odenwald bis zum Neckar führte, um dort den Fluss begleitend auf den Alb-Donau-Limes zu stoßen. Es handelte sich um eine Schneise, einen limes, die ganz im Bedeutungssinne „Besitzgrenze" angelegt worden war. Das Wort limes machte anschließend einen Inhaltswandel durch und stand dann für „Reichsgrenze".

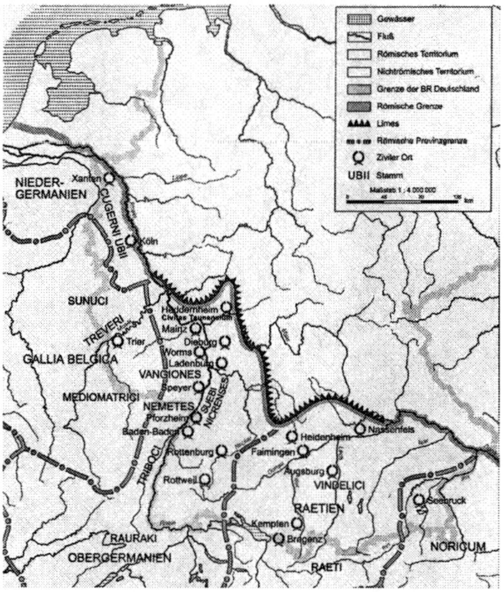

(Abb. 7) Die römischen Provinzen Germania inferior und Germania superior

Traian verlegte wie erwähnt die Truppen aus dem Hinterland in die Garnisonen an dieser neuen Linie, den Limes. Dies hatte den Vorteil, dass die Einheiten nun sowohl aus dem Limeshinterland versorgt werden konnten, wo sich allmählich eine zivile Besiedlung ausbreitete, als auch das Vorgelände des Limes – und hier sogar im Kontakt mit den unmittelbar vor dem Limes siedelnden Germanen – für sich nutzen konnten. Ohnehin erfolgte von den neuen Stellungen aus die Vorfeldaufklärung in einem weit reichenden Sinne. Wir dürfen davon ausgehen, dass z. B. die in Echzell in der Wetterau stationierte Reitereinheit, die ala I Indiana Gallorum, ein Gebiet vor dem Limes kontrollierte, das sicherlich bis in die Gegend von Fulda und Bad Hersfeld, möglicherweise sogar noch darüber hinausreichte.

Das unter Traian vom Militär freigegebene Gebiet konnte nun einer zivilen Nutzung und Selbstverwaltung zugeführt werden. Es entstanden die ersten civitates, Gebietskörperschaften mit zentralem Verwaltungsmittelpunkt, von denen aus das Umland verwaltet wurde. Im nordmainischen Raum wurde damals die civitas Taunensium mit dem Hauptort Nida, dem heutigen Frankfurt-Heddernheim, geschaffen (Abb. 8).

Die Konsolidierung der germanischen Provinzen unter Traian mit der Bestimmung der Grenzlinie zwischen Rhein und Donau stand in Verbindung mit der Einrichtung einer weiteren Art Grenzschneise im Norden Englands, der so genannten Stane gate. Bei dieser Vorläufereinrichtung des Hadrian's Wall handelte es sich um eine steinerne Straße, die – von Kastellanlagen und Militärposten gesäumt – zwischen Tyne und Solway

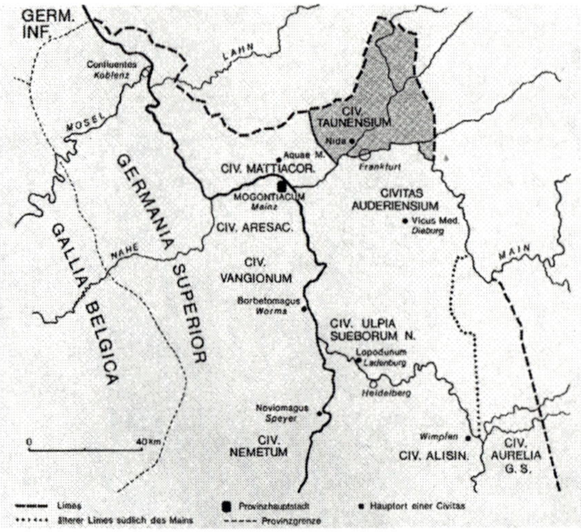

(Abb. 8) Karte mit Eintragungen der Civitas Taunensium

Kaiser ein riesiges Infrastrukturprogramm in seinem Reich durchführen. Dazu gehörten Neubaumaßnahmen in Rom, in den Seehäfen und in vielen Städten des Reiches. Er erließ überschuldeten Senatoren die Rückzahlungen ihrer Schulden, um sie politisch an sich zu binden, richtete Pensionskassen ein, zahlte Witwen- und Waisenrenten aus, veranstaltete großartige Spiele und versorgte seine Soldaten bestens. All dies sollte ihm schließlich den vom Senat verliehenen Ehrentitel optimus princeps eintragen. Noch im Jahr des Sieges über die Daker, der faktisch einer Auslöschung dieses Volksstammes

die Insel von Ost nach West durchquerte (Abb. 9). Die Einrichtung des Obergermanisch-Raetischen Limes und die Grenzbefestigung in Britannien standen im Zusammenhang mit Vorbereitungen militärischer Aktionen, die Traian für die Folgejahre an der mittleren und unteren Donau plante. Dazu musste er offenbar an der britannischen und germanischen Grenze den Rücken frei bekommen. Zwischen 101 und 106 n. Chr. eroberte er in zwei groß angelegten Feldzügen gegen die Daker das Gebiet des heutigen Rumäniens. Mit den ungeheuren Schätzen, die erbeutet wurden, und nach der Eroberung im Besitz der dakischen Goldbergwerke, konnte der

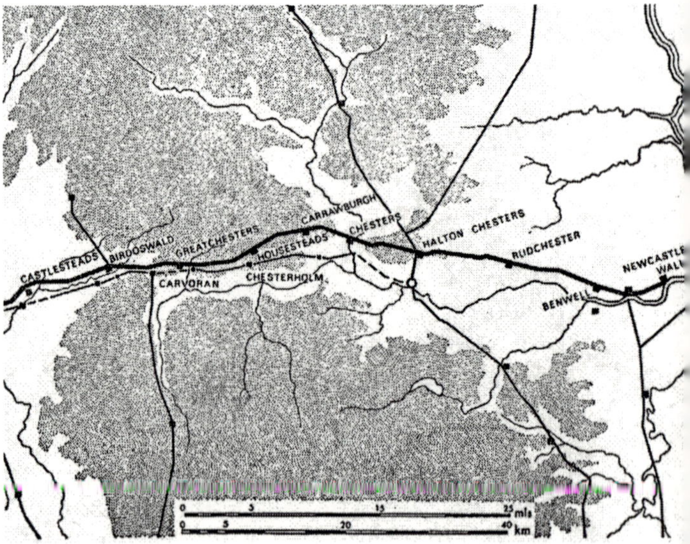

(Abb. 9) Der Hadiranswall, die römische Grenze im Norden Englands vom Tyne zum Solway

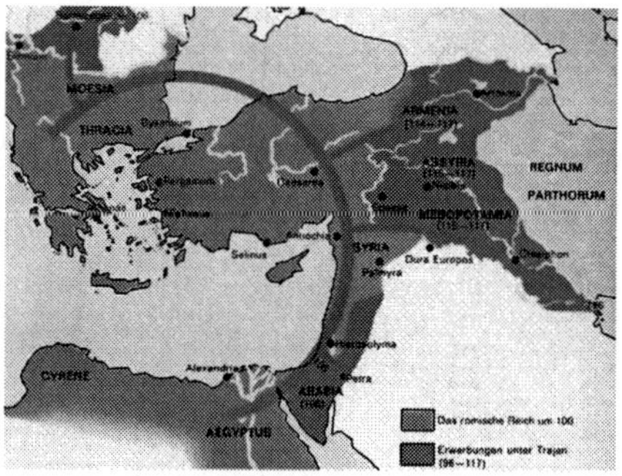

(Abb. 10) Mesopotamien unter Traian

gleichkam, gliederte er das mit Rom befreundete Nabatäerreich mit seiner Hauptstadt Petra im heutigen Jordanien als Provinz Arabia in das Imperium Romanum ein. Und nur wenige Jahre später eröffnete er den Krieg gegen die Parther: Mit seinen Legionen drang er tief nach Mesopotamien (Abb. 10) ein, unterwarf das Land und rief hier die Provinzen Armenia und Assyria aus. Allerdings zeigten sofort einsetzende Rückschläge – die Parther konnten Teile der gewonnenen Gebiete wieder zurückerobern und im Vorderen Orient brach der jüdische Aufstand los –, dass Traian die Kräfte des Reiches überdehnt hatte, obwohl es sich im Rückblick der Geschichtsschreibung gesehen auf dem Höhepunkt seiner Macht und im Zustand seiner größten flächenmäßigen Ausdehnung befand. Seine Truppen konnten nicht überall sein, neue Kontingente waren auf die Schnelle nicht heranzuführen. Die Finanzierung der vielen ehrgeizigen Projekte kam ins Stocken. Manche Städte mussten regelrecht Konkurs anmelden. Ihre Großbauten blieben Bauruinen. Die finanzpolitische Seite lässt sich am besten aus den Briefen von Plinius dem Jüngeren, seinerzeit Statthalter von Bithynien, erkennen. Immer wieder musste dieser bei seinem Kaiser anfragen, ob er wenigstens noch einen weiteren Beamten in seiner Verwaltung einstellen könne, worauf ihm der Kaiser regelmäßig beschied, er möge doch auf vorhandene Kräfte zurückgreifen. Traian musste daher noch auf seinem Sterbebett im Jahre 117 n. Chr. erkennen, dass seine großartigen Pläne, das Partherreich und die Gebiete an Euphrat und Tigris dem Römischen Reich einzuverleiben, im Grunde gescheitert waren.

Hadrian wurde unmittelbar nach dem Tode Traians von den Truppen zum Kaiser ausgerufen. Sofort nach seinem Regierungsantritt stoppte der neue Regent die kostspielige und nur halb geglückte Eroberungspolitik seines Vorgängers in Mesopotamien, ja er machte sie sogar teilweise rückgängig, indem er eroberte Gebiete zurückgab. Diese Entscheidung erfolgte aus pragmatischen Gründen und in der Einsicht, dass die Ressourcen des Reiches endlich waren. Seine Generäle waren damit nicht einverstanden und mussten teilweise mit Gewalt zum Schweigen gebracht werden. Dennoch war Hadrian ein tüchtiger und umsichtiger Feldherr, der die Armee neu organisierte und insbesondere die soldatische Disziplin stärkte. Die Sicherung der Reichsgrenze wurde nun stationär. Die örtlich ausgehobenen Truppen wurden nicht mehr in andere Reichsteile verlegt, sondern an Ort und Stelle eingesetzt, eine Maßnahme, die den Romanisierungsprozess in den Provinzen beschleunigte. Mit der

(Abb. 11) Grenzübergang einer Germanengruppe am Limes. Diorama im Limesmuseum Aalen

Errichtung der Limespalisade wurde an der obergermanisch-raetischen, mit dem Bau der Hadrianischen Mauer an der britannischen Grenze ein stabiles Grenzsystem möglich. Ein unbeobachteter Übertritt germanischer Bevölkerungsteile, die sich im Hinterland ansiedeln wollten, oder Übergriffe kleinerer Banden, die versuchten in den Siedlungen hinter dem Limes zu plündern, konnten leicht verhindert, jeglicher Personenverkehr kontrolliert werden. Der Handel ließ sich auf ganz bestimmte Grenzdurchgänge lenken, wo Zölle und Ausfuhrsteuern erhoben werden konnten (Abb. 11). Der Limes war damit zu einem bevölkerungs- und wirtschaftspolitischen Steuerungsinstrument geworden, mit dem sich der Zuzug von Menschen oder der Umfang des Handels mit dem Barbaricum lenken ließ. Er diente nicht als Verteidigungslinie, von der aus ein regelrechter Stellungskrieg zu führen gewesen wäre. Die Verteidigung der Provinzen musste im Vorfeld des Limes erfolgen, deshalb die Truppenstationierung unmittelbar an der Grenze mit offensiver Aufklärung und Ausrichtung in die jenseitigen Gebiete hinein. Da ähnliche limites auch in anderen Teilen des Reiches eingerichtet wurden, hatte Hadrian also tatsächlich die staatspolitische Grenze des Imperium Romanum etabliert. Das, was nach Erreichen des Zustandes in hadrianischer Zeit an den einzelnen Grenzabschnitten erfolgte, waren nur noch leichte Grenzkorrekturen, die topografischen und strategischen Sachverhalten geschuldet waren, oder weitere Ausbaumaßnahmen zur Verbesserung der Garnisonen und Wachttürme. Zu einer nochmaligen Gebietserweiterung der Provinz Obergermanien ist es lediglich unter Kaiser Antoninus Pius um die Mitte des 2. Jahrhunderts n. Chr. gekommen. Dieser Kaiser gab den Odenwald-Neckar-Limes auf und verlegte die Grenze auf eine 20 bis 30 km weiter östlich verlaufende neue Linie, den sog. Vorderen Limes. Es handelte sich dabei aber nicht mehr um eine Eroberung, sondern bestenfalls um eine Arrondierung des Provinzgebietes. Als den Römern – wie es scheint – gegen Ende des 2. Jahrhunderts zumindest an einigen Strecken das Holz zur Errichtung der Limespalisade ausging, legten sie vor dem von Wachttürmen gesäumten Limesweg nur noch Wall und Graben an. Auch dies ein Zeichen dafür, dass nicht die militärische Komponente der Gesamtanlage im Vordergrund stand, sondern Aspekte der Grenzmarkierung und der Vermeidung des unbeobachteten Grenzübertritts von Menschen, Händlern und Waren.

Mit der Schaffung der beiden germanischen Provinzen und der Errichtung seiner Grenzanlagen unter den Kaisern

(Abb. 12) Gaius Julius Ceasar. Römischer Imperator, ermordet 44. v. Chr.

Domitian, Traian und Hadrian hatten sich Status und Charakter des Landes am Rhein endgültig geändert. Ein lange Zeit rechtlich nicht eindeutig geklärter Zustand der Gebiete rechts des Rheins fand nun mit der neuen Ordnung ein Ende. Was aber war das Rheinland aus römischer Sicht ursprünglich gewesen?

Der römische Blickwinkel auf Germanien erweist sich bei näherem Hinsehen als derjenige, den bereits das dem Imperium Romanum unter Caesar hinzugewonnene Gallien auf seine östlichen Nachbarn hatte: Es ist die gallorömische Sicht.

Bevor Gaius Julius Caesar (Abb. 12) in Gallien auf den Plan trat, war keineswegs sicher, dass links des Rheins Gallier, also Kelten, und rechts davon Germanen siedelten. Vielmehr gehörte der Süden zu der einheitlichen, keltisch geprägten Oppida-Kultur der Spätlatènezeit mit stadtartigen Höhensiedlungen, arbeitsteiliger Wirtschaft und Münzprägung (Abb. 13). Der nördliche Mittelgebirgsraum gehörte zu einer Übergangszone, die zwar manche Züge der Latènezivilisation aufweist, aber durch ausgeprägte Begräbnissitten ein eigenständiges Profil zeigt. Diese Bestattungssitten setzen sich im norddeutsch-niederländischen Flachland, in einer dritten Zone, fort. Dort fehlen allerdings die oppida gänzlich und auch entwickelte Produktions- oder Wirtschaftsformen sucht man hier vergebens. Von Bedeutung ist aber, dass der Rhein für alle drei Kulturgruppen gar keine Grenze darstellte. Erst Caesar hat die Grenzfunktion des Rheins bestimmt.

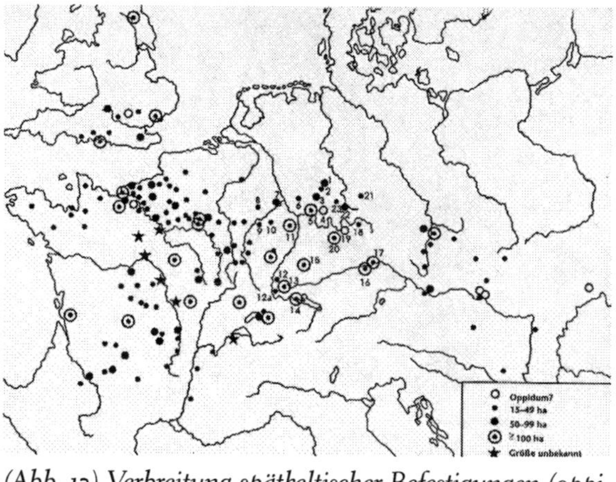

(Abb. 13) Verbreitung spätkeltischer Befestigungen (oppida) mit mehr als 15 ha Fläche

Zunächst einmal sicherlich unter dem Eindruck eigener Wahrnehmungen. Er griff ja in Gallien deshalb ein, weil zum einen die in der Gegend des heutigen Lyon wohnenden Häduer die Römer um Beistand gegen ihre Nachbarn, nämlich die Arverner und Sequaner, baten, zum anderen die keltischen Helvetier aus ihren angestammten Siedlungsplätzen in Südwestdeutschland und der Schweiz nach Innergallien einwandern wollten, worin Caesar eine Bedrohung des römischen Herrschaftsbereiches in Norditalien sah. Hinter beiden Sachverhalten lässt sich letztendlich dieselbe Ursache feststellen: Hinter den Sequanern, die den Häduern das Leben so schwer machten, standen germanische Sweben unter ihrem Herzog Ariovist, die sich bereits im Elsass festgesetzt hatten, und die Helvetier wollten wohl mit ihrem Aufbruch vordrängenden germanischen Scharen zuvorkommen, die von dort aus auf ihr Siedlungsgebiet einwirkten. In der Wahrnehmung der Kelten und danach auch in der Wahrnehmung durch Caesar waren die den Rhein von Ost nach West überschreitenden Völkerschaften Germanen. Die Benennung reflektierte die durch diese Rheinüberschreitung empfundene kulturelle Gemeinsamkeit.

Für Caesar ergab sich aber noch ein zweiter Aspekt, den er politisch-konzeptionell ummünzte. Die Beschreibung des Rheins als ethnische Trennlinie – hier Kelten, dort Germanen – versetzte ihn in die Lage, seine im Grunde durch keinen Senatsbeschluss abgedeckten militärischen Aktivitäten in Gallien und das Ausmaß seiner Eroberung dort implizit zu begründen. Er konnte einerseits deutlich machen, dass mit dem Rhein nicht nur die naturräumliche, sondern auch die Völkergrenze erreicht war, zum anderen, warum er auf eine weitere Eroberung rechtsrheinischer Gebiete verzichtete. Ihm kam es ja auf die Unterwerfung Galliens und nicht Germaniens an. Wenngleich es Caesar gelang, Ariovist und seine swebischen Scharen über den Rhein zurückzuwerfen, erfolgte im Rahmen erster Neuordnungen die Ansiedlung der Triboker, Nemeter und Vangionen links des Ober- und Mittelrheins in germanischen Siedlungsgebieten am Ostrand Galliens. Möglicherweise waren diese Stämme Teile der Ariovistgermanen, die zurückblieben und von den Römern gezielt angesiedelt wurden. Es ist deshalb nicht verwunderlich, dass dieser Raum – das heutige Elsass und die Pfalz – bis in die Gegend von Dijon später noch der Provinz Obergermanien zugeschlagen wurde und diese sich damit rechts und links des Rheins erstreckte.

Wie die Geschichte in Gallien weiterging, ist jedem Lateinschüler bekannt: Caesar eroberte in den Jahren 58 bis 52 v. Chr. ganz Gallien. Im Zuge der Ereignisse kam es sogar zu einer Militärexpedition nach Britannien und zu zwei Übergängen über den Rhein, beides diente mehr zur Demonstration römischer Macht denn dem Erreichen von Gebietsgewinnen. Ein Übersiedlungsvorhaben der germanischen Usipeter und Tenkterer am Niederrhein im Jahr 55 v. Chr. lehnte Caesar ab, griff vielmehr die beiden Völkerschaften an und vernichtete sie. Als der Feldherr die neuen gallischen Provinzen verließ, um sich in den römischen Bürgerkrieg zu stürzen und damit das Ende der Römischen Republik einzuläuten, waren die Verhältnisse zwischen Pyrenäen und Nordsee so weit befriedet, dass es zu keinen nennenswerten Aufständen der Bevölkerung mehr kam. Nur wenige römische Truppen standen in Lyon und vereinzelt in Militärlagern Innergalliens, aber dies reichte aus, die Ruhe sicherzustellen. Die Provinzen konnten sich nun in einem römischen Sinne entwickeln, was durch die im Süden Galliens bereits seit der griechischen Kolonialzeit mit Massilia (Marseille) und den Gründungen der römischen Kolonien von Arausio (Orange), Arelate (Arles) und Nemausus (Nîmes) des 1. Jahrhunderts v. Chr. begünstigt wurde. Allerdings blieb die germanische Gefahr bestehen. Immer wieder kam es in der Folgezeit zu Einfällen germanischer Stammesgruppen in die frisch eroberten Gebiete, sodass Rom handeln musste. Marcus Agrippa, Feldherr Octavians, des späteren Kaisers Augustus, übernahm das Kommando in Gallien. Zwei Mal – in den Jahren 39/38 und 30/29 v. Chr. übernahm er dort die Statthalterschaft, was darauf schließen lässt, dass es doch noch einiges zu regeln galt. Er siedelte die Ubier, einen germanischen Stamm, der die Gebiete beidseits der Lahn bewohnt hatte, auf die gallisch-römische Seite des Rheins über. Hier bewirtschafteten sie fortan die Ländereien zwischen dem heutigen Krefeld und Bonn und erhielten mit Köln ihren Mittelpunkt. Im Norden warfen in diesen Jahren die römischen Feldherren Nonius Gallus und Caius Carrinas germanische Scharen, die von den gallischen Treverern im Gebiet des heutigen Trier zu Hilfe gerufen worden waren, und erneut einfallende Sweben zurück. Als sich die Kunde verbreitete, die Germanen hätten die sich jenseits des Rheins aufhaltenden römischen Händler erschlagen, überschritt im Jahr 25 v. Chr. der Legat Marcus Vinicius den Rhein und führte eine Strafexpedition aus. Das Gleiche ereignete sich acht Jahre später wieder. Dieses Mal waren es römische Legionszenturionen, die von den germanischen Sugambrern, Usipetern und Tenkterern ergriffen und in schmachvoller Weise gekreuzigt wurden. Möglicherweise sind in den Aufenthalten des römischen Militärpersonals in Germanien bereits in dieser Zeit erste Anzeichen eines politischen Vordringens im rechtsrheinischen Vorfeld zu erkennen, was vermuten lässt, dass es hier bereits zu einer Einforderung von Abgaben durch die Römer und in der Folge zu diesen Gräueltaten gekommen ist.

In archäologischer Hinsicht scheinen wir diese Vorgänge tatsächlich auch fassen zu können. Der Abzug der keltischen Helvetier aus Süddeutschland führte hier offenbar zum Ende der spätlatènezeitlichen Kultur. Kurz vor der Mitte des 1. Jahrhunderts v. Chr. bricht die Besiedlung in den Oppida ab: im Rhein-Main-Gebiet etwa im Falle des Heidetränk-Oppidums auf den Taunushöhen bei Oberursel. Die Vorstöße der Sweben, die im Falle der Ariovistgermanen von Caesar beschrieben werden, zerstörten wohl die politische Ordnung und entzogen damit den Oppida die

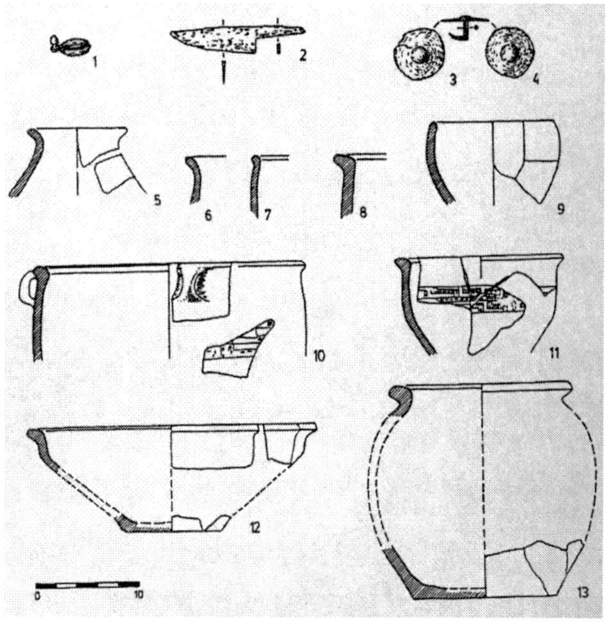

(Abb. 14) Lich-Muschenheim, Kr. Gießen. Frühgermanisches Brandgrab

Lebensgrundlage. Tatsächlich lassen sich auch Funde dieser Ereignisse im heutigen Hessen antreffen. In der Wetterau finden sich an einigen Stellen, so etwa in Lich-Muschenheim, Gräber, die eine Herkunft aus dem ostgermanischen Raum nicht verleugnen können (Abb. 14). Man kann sie mit einiger Wahrscheinlichkeit als Niederschlag der Vorgänge betrachten, die sich bei Caesar in den Kommentaren zum Gallischen Krieg wieder finden. Am Dünsberg bei Gießen zeichnet sich nach Ende der spätkeltischen Besiedlung auf dem eindrucksvollen Bergkegel eine weitergehende Besiedlungsphase ab, deren Träger vermutlich jene Ubier gewesen sind, die von Agrippa auf die linksrheinische Seite umgesiedelt wurden. Sie machten offenbar rhein-weser-germanischen Stammesgruppen Platz, die sich im Fundgut durch ihre mit Fingernagel- und Fingerkuppeneindrücke eigenartig verzierten Töpfe, Schalen und Schüsseln abzeichnen.

Ein herausragender Befund, der möglicherweise einen Fingerzeig auf eine Siedlungs-, Orts- und/oder Handwerkstradition geben kann, liegt aus Bad Nauheim vor. Hier hat die Archäologische Denkmalpflege Hessen in den letzten Jahren ein riesiges Salzsiedeareal aus der Mittel- bis Spätlatènezeit (3. bis 1. Jahrhundert v. Chr.) ausgraben können (Abb. 15). Da sich die einzelnen Anlagen, die auf einen äußerst arbeitsteiligen Betrieb und damit auf eine außerordentlich differenzierte Gesellschaftsstruktur schließen lassen, im feuchten Milieu des Bodens hervorragend erhalten haben, gelang es die gesamten Holzbauten auszugraben und sie auch hier einer dendrochronologischen Datierung zuzuführen. Damit kann der Siedlungsgang vor Ort absolutchronologisch abgesichert beschrieben werden. Es stellt sich nunmehr heraus, dass neben Daten, die gut in die spätkeltischen Zusammenhänge einzupassen sind, auch solche vorliegen, die einen – bis dahin unerwarteten – Weiterbetrieb der Salinen-

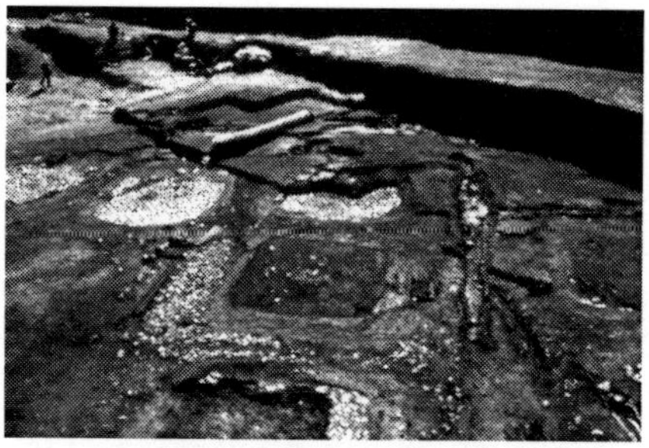

(Abb. 15) Bad Nauheim. Blick auf die Ausgrabungsfläche der keltischen Saline

einrichtungen erkennen lassen. Über der Austrittsstelle der Solequelle befanden sich mehrere hölzerne Quellfassungen, deren Reste sich bergen und datieren ließen. Die früheste Anlage wurde im Jahr 138 v. Chr., die zweite im Jahr 43 v. Chr. gebaut. Während das erste Datum in den latènezeitlichen, keltischen Zusammenhang passt, wird mit dem zweiten Datum die Aufmerksamkeit auf eine Zeitphase gerichtet, in der links des Rheins die Römer nach der caesarischen Eroberung bereits mit der Infrastruktur der gallischen Provinzen begonnen hatten. Mit Blick darauf und auch auf die angeführten Unternehmungen römischer Händler und Militärs in den germanischen Gebieten ist man geneigt, in den durch das Bad Nauheimer Datum zum Ausdruck gebrachten Neubaumaßnahmen an der Solequelle eine Reaktion auf veränderte Verhältnisse in einem großräumigen Rahmen erkennen zu wollen. Haben also die Vorgänge in Gallien sozusagen bis in das heute oberhessische Gebiet rechts des Rheins ausgestrahlt?

Nach der Abschlachtung der römischen Militärpersonen im eigenen Land überschritten die Germanen (Sugambrer, Usipeter, Tenkterer) den Rhein und stießen nach Gallien vor. In einer überhasteten Aktion versuchte sich der Legat Marcus Lollius im Jahr 16 v. Chr. den eindringenden Scharen mit einer Legion entgegenzustellen. Ein Unterfangen, das zu einem Desaster geriet. Die Truppe wurde völlig aufgerieben, der Legionsadler ging verloren. Die Niederlage des Lollius gab den Ausschlag zu einer grundlegenden Umorientierung der römischen Politik in Gallien und am Rhein. Augustus selbst begab sich nach Gallien. Dort wurden die seit Caesar eher provisorisch gebliebenen politischen Verhältnisse endgültig in eine feste Provinzialordnung überführt. Grundlage war eine Steuerschätzung und die Errichtung eines der Identität Gesamtgalliens dienenden Heiligtums, des Altars für Roma und Augustus in Lyon (Abb. 16).

(Abb. 16) Münze mit Darstellung des Altars für Roma und Augustus in Lyon

Hier tagte jetzt auch der gallische „Landtag". Die römischen Truppen wurden nun aus dem Innern Galliens an strategisch wichtige Plätze an den Rhein verlegt, wo große Legionsgarnisonen entstanden, darunter gegenüber der Mainmündung auch Mainz. Eine derartige lineare Aufstellung an einer

Außengrenze war neu. Sie schien geeignet, weitere Kontakte zwischen Galliern und Germanen sowie germanische Rheinüberschreitungen unterbinden zu können. Mit der neuen Konzeption wurde zweierlei erreicht: auf der einen Seite die Kontrolle des gallischen Rückraums, andererseits die schnelle Interventionsmöglichkeit des römischen Militärapparates in Germanien. Man könnte darin im Grunde bereits das spätere Limesschema erkennen.

Rom glaubte aber jetzt, die innere Sicherheit Galliens nur dadurch erreichen zu können, dass man einen militärisch kontrollierten Kordon vor der Rheinlinie einrichtete (Abb. 17). Dem dienten die weit ausgreifenden Feldzüge des Drusus in den Jahren 12 bis 9 v. Chr. Ziel war es, das Gebiet Germaniens bis zur Elbe hin zu erobern. Der Feldherr stieß demzufolge auch mit seinem Heer bis zur Elbe vor, erlitt aber auf dem Rückzug bei einem Sturz vom Pferd so schwere Verletzungen, dass er noch in Germanien starb. Sein Leichnam wurde von seinem Bruder Tiberius – beides Stiefsöhne von Augustus – bis nach Rom begleitet. In Mainz errichtete man zu Ehren des verstorbenen Feldherrn das Drususdenkmal, den heutigen Eichelstein auf der dortigen Zitadelle. Die Feldzüge wurden noch ein Jahr fortgesetzt, dann aber scheint man sich mit dem Erreichten fürs Erste zufrieden gegeben zu haben. Erst ein gewaltiger Aufstand in Niedergermanien, die Zeitgenossen sprachen von einem immensum bellum, nötigte Tiberius in den Jahren 4 und 5 n. Chr. erneut zu Militäraktionen in Germanien. Es schien, als sei nun der Durchbruch zur dauerhaften Besetzung des Landes erzielt, denn der Chronist dieser Jahre, Velleius Parterculus, berichtet: „Nichts gab es mehr in Germanien, das man hätte besiegen können, außer dem Stamm der Markomannen."

Letztere hatten unter der Führung ihres Königs Marbod in Böhmen ein großes Reich aufgebaut,

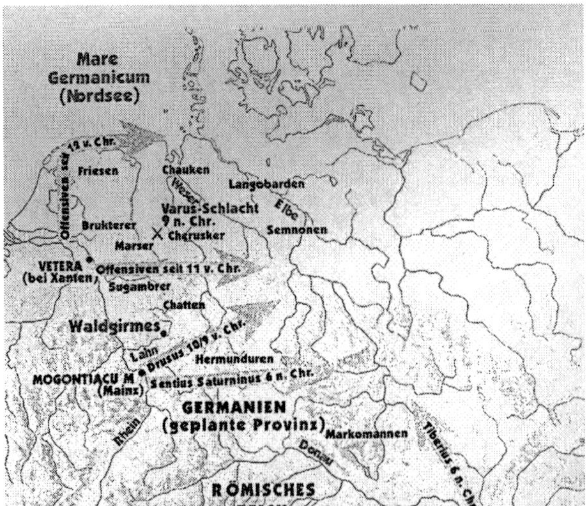

(Abb. 17) Römische Vorstöße nach Germanien zwischen 12 v. Chr. und 9 n. Chr.

gegen das sich Tiberius nun wandte. Im Jahre 6 n. Chr. holte er gerade mit zwölf Legionen zum entscheidenden Schlag aus, als in Pannonien, dem heutigen Ungarn, ein Aufstand ausbrach, der ihn zum Abbruch der Kämpfe zwang. Die Niederkämpfung des Pannonischen Aufstandes dauerte Jahre und band in äußerst verlustreichen Kämpfen die Kräfte des Reiches. Nach deren Ende und noch im Bewusststein, die Provinz Gesamtgermanien jetzt endlich einrichten zu können, kam es dann im Jahr 9 n. Chr. zu jener berühmt-berüchtigten Schlacht im Teutoburger Wald, der Niederlage des römischen Feldherrn Varus, die alle Pläne, Gesamtgermanien bis zur Elbe in das Römische Reich eingliedern zu können, zunichte machen sollte. Nach dieser verheerenden Niederlage führten die Römer lediglich noch Vergeltungszüge durch, die die Situation an der Rheinfront stabilisieren sollten. Tiberius – auf den Kaiserthron gekommen – brach dann unverzüglich die Operationen ab, darin vergleichbar dem späteren Kaiser Hadrian.

Wie nahe die Römer daran waren, Germanien in dieser Zeit zur Provinz zu machen, zeigen wiederum archäologische Aufschlüsse rechts des Rheins und insbesondere im heutigen Hessen. Hier ist der Ort Waldgirmes (Gemeinde Lahnau, Lahn-Dill-Kreis) bei Wetzlar an der Lahn zu nennen. Über dem rechten Lahnufer werden dort seit einigen Jahren die Reste einer römischen Stadt ausgegraben (Abb. 18). Möglicherweise handelt es sich um die Anlage einer colonia, die, wie es scheint, im Gründungsstadium stecken geblieben ist. Das Zentrum der Stadt wird von einem großen Forum gebildet, in dem sich die Charakteristika einer römischen Koloniegründung, nämlich Gerichts-, Verwaltungs- und Markteinrichtungen zu erkennen geben (Abb. 19). Das Ende der Stadt fällt zeitlich zusammen mit der Niederlage des Varus im Teutoburger Wald. Auch die Militärplätze der anderen Vormarschwege nach Innergermanien an Lippe und Main sowie durch die Wetterau werden jetzt geräumt, wie archäologische Befunde u. a. in Friedberg und Bad Nauheim verdeutlichen.

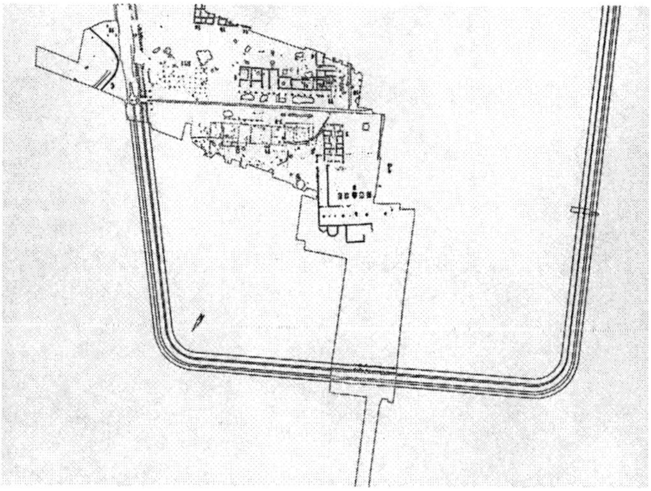

(Abb. 18) Lahnau-Waldgirmes. Römische Stadtanlage. Grabungsplan

(Abb. 19) Lahnau-Waldgirmes. Römische Stadtanlage. Rekonstruktion des Forums

Rom beschränkte sich in der Zeit nach Tiberius darauf, die Verhältnisse am Rhein ruhig zu halten. Dazu diente die Ansiedlung germanischer Stammesgruppen unmittelbar rechts des Ober- und

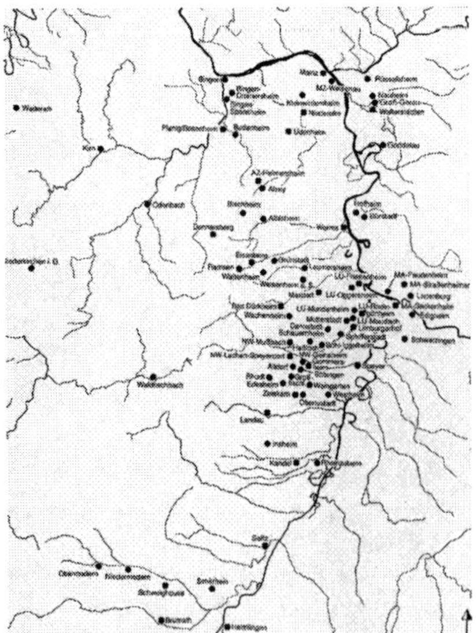

(Abb. 20) Karte der oberrheingermanischen Fundplätze

Mittelrheins. Sie führten Milizdienste im Sinne Roms aus. Die archäologischen Zeugnisse dieser Oberrheingermanen finden sich im Mainmündungsdreieck um Groß-Gerau, im Neckarmündungsgebiet um Ladenburg/Mannheim und im südbadischen Rheintal bei Diersheim gegenüber Straßburg (Abb. 20).

Erst unter dem römischen Kaiser Vespasian erfolgte in den 70er Jahren des 1. Jahrhunderts n. Chr. erneut die Besetzung rechtsrheinischer Gebiete. Dieses Mal aus militärstrategischen Erwägungen: Man wollte eine kürzere Verbindung zwischen den Provinzen am Rhein und denen an der Donau herstellen. Die Aktion, bei der sich bereits das Gebiet des späteren Limeshinterlandes schemenhaft als potenzieller römischer Besitz abzeichnete, wurde erfolgreich gestaltet. Der Krieg Domitians gegen die Chatten, der bereits erwähnt wurde und die Ausrufung der germanischen Provinzen zur Folge hatte, sicherte im Falle der Provinz Obergermanien den Gebietsstreifen rechts des Oberrheins endgültig. Damit aber war die Gallia comata – Gesamtgallien – für beinahe 200 Jahre durch die „vorgeschalteten“ Provinzen Ober- und Niedergermanien geschützt und konnte sich zu einer der Kornkammern und reichsten Provinzen des Römischen Reiches entwickeln.

(Dieses Essay stellt die überarbeitete und mit Literaturauswahl versehene Fassung eines Vortrages dar, den der Verfasser am 20. 11. 2004 anlässlich des Festaktes zum 30-jährigen Jubiläum des Rotary Clubs Bad Homburg-Schloss in der Schlosskirche Bad Homburg gehalten hat.)

Literatur:

- D. Baatz, Der römische Limes. Archäologische Ausflüge zwischen Rhein und Donau (Berlin 1993).
- T. Bechert, Römisches Germanien zwischen Rhein und Maas. Die Provinz Germania Inferior (München 1982).
- T. Becker, S. Bender, M. Kemkes, A. Thiel, Der Limes zwischen Rhein und Donau. Ein Bodendenkmal auf dem Weg zum UNESCO-Weltkulturerbe. Archäologische Informationen aus Baden-Württemberg 44 (Stuttgart 2002).
- A. Becker u. H.-J. Köhler, Das Forum von Lahnau-Waldgirmes. In: S. Hansen u. V. Pingel (Hrsg.), Archäologie in Hessen. Neue Funde und Befunde. Festschrift für Fritz-Rudolf Herrmann zum 65. Geburtstag. Internationale Archäologie 13 (Rahden 2001), S. 171 – 177.
- H. Bernhard u. G. Lenz-Bernhard, Das Oberrheingebiet zwischen Caesars gallischem Krieg und der flavischen Okkupation (58 v. – 73 n. Chr.). Eine siedlungsgeschichtliche Studie. Mitteilungen des Historischen Vereins der Pfalz 89, 1991, S. 11 – 347.
- A. R. Birley, Hadrian the restless Emperor (London 1998).
- D. Breeze u. B. Dobson, Hadrian's Wall. (Harmondsworth 1978).
- K. Christ, Caesar, Annäherungen an einen Diktator. (München 1994).
- T. Fischer, Die Römer in Deutschland (Stuttgart 1999).
- A. Nünnerich-Asmus (Hrsg.), Traian, ein Kaiser der Superlative am Beginn einer Umbruchzeit? (Mainz 2002).
- B. Rabold, E. Schallmayer, A. Thiel, Der Limes. Die Deutsche Limes-Straße vom Rhein bis zur Donau. (Stuttgart 2000).
- E. Schallmayer, M. Becker, Limes. Reallexikon der Germanischen Altertumskunde 18 (Berlin/New-York 2001), S. 403 – 442.
- Sole und Salz schreiben Geschichte. 50 Jahre Landesarchäologie, 150 Jahre archäologische Forschung Bad Nauheim (Mainz 2003).
- S. Biegert, S. von Schnurbein, B. Steidl, D. Walter (Hrsg.), Beiträge zur germanischen Keramik zwischen Donau und Teutoburger Wald. Kolloquien zur Vor- und Frühgeschichte 4 (Bonn 2000).
- R. Wolters, Die Römer in Germanien. (München 2000).

Biografien

Dr. Rainer Behrend, geboren am 26. 3. 1966 in Berlin, absolvierte nach dem Abitur zunächst eine kaufmännische Lehre als Industriekaufmann bei der EAM in Kassel. 1988 nahm er das Studium der Volkswirtschaftslehre an der Johann-Wolfgang-Goethe Universität auf, das er 1993 als Diplom-Volkswirt abschloss. Dr. Behrend blieb danach für fünf Jahre als Wissenschaftlicher Mitarbeiter an der Universität Frankfurt, wo er am Lehrstuhl von Prof. Czayka mit dem Thema „Inkonsistente Darstellungen der Keynesianischen Theorie" promovierte. Den Weg zur Industrie- und Handelskammer fand Dr. Behrend zunächst über Köln. Von 1999 bis 2001 war er Referent für die Bereiche „Bauleitplanung und Handel" sowie „Volkswirtschaft und Statistik". Seit 2001 arbeitet Dr. Behrend für die IHK Frankfurt am Main und ist dort zurzeit verantwortlich für die Standortpolitik im Hochtaunus- und Main-Taunus-Kreis und die Geschäftsstellen in Bad Homburg und Hofheim, den Bereich Volkswirtschaft, Mittelstandspolitik und Statistik sowie das IHK Service-Center in Frankfurt. (Foto privat)

Dr. Roland Bernecker (43) ist seit 1. Dezember 2004 Generalsekretär der Deutschen UNESCO-Kommission. Nach dem Studium der Literaturwissenschaft und Philosophie an der Universität Frankfurt am Main und nach Forschungs- und Lehrtätigkeiten in Deutschland, Italien und Frankreich war er Direktor des deutsch-französischen Kulturinstituts in Nantes. 1998 kam er als Kulturreferent zur Deutschen UNESCO-Kommission. Von April 2002 bis Juli 2004 war er im Auswärtigen Amt in Berlin tätig. Roland Bernecker ist verheiratet und Vater von drei Kindern.

Andreas Felchle wurde am 30. Januar 1962 in Hohengehren im Landkreis Esslingen geboren. Seiner Ausbildung zum Diplomverwaltungswirt (FH) von 1986 bis 1990 mit Stationen bei der Gemeindeverwaltung Altbach (Neckar) und auf dem Landratsamt Esslingen folgten zwei Jahre als Persönlicher Referent des Bürgermeisters der Stadt Gernsbach im Landkreis Rastatt. Seit 1992 ist Andreas Felchle Bürgermeister der Stadt Maulbronn. Im Jahr 2000 wurde er vom Wähler in diesem Amt bestätigt.

Felchle ist seit 1982 Mitglied der CDU und seit 1994 Mitglied im Kreistag des Enzkreises und der Regionalversammlung des Regionalverbandes Nord-Schwarzwald. Er ist Vorsitzender des Fördervereins Maulbronner Kammerchor, Vorstandsmitglied im Geschichts- und Heimatverein Maulbronn e.V und Stellvertretender Vorsitzender des Fördervereins Maulbronner Kultur sowie des UNESCO-Welterbestätten Deutschland e.V. Andreas Felchle ist verheiratet und hat eine Tochter. (Foto privat)

Dr. Thomas Richter, geboren 1968, studierte Klassische Archäologie, Alte Geschichte und Provinzialrömische Archäologie. Nach dem Magisterabschluss im Jahr 1995 arbeitete er zunächst zwei Jahre in der Programmforschung für einen Fernsehsender, bevor er sich entschloss seine Promotion zu beenden. Im Jahr 2001 promovierte er an der Johann Wolfgang Goethe-Universität mit einer Arbeit zur Darstellung und Bedeutung von Gestik in der römischen Kunst. Die Arbeit wurde an der Universität Frankfurt mit dem Mediterran-Preis ausgezeichnet. Von 2001 bis 2003 absolvierte Dr. Richter ein so genanntes wissenschaftliches Volontariat am Saalburgmuseum. Seit August 2003 ist er im Rahmen eines Dreijahresvertrages befristet am gleichen Museum angestellt.

Seine Arbeitsschwerpunkte sind hier die Entwicklung und Umsetzung des Limeserlebnispfades Hochtaunus sowie die Erstellung eines neuen didaktischen und wissenschaftlichen Ausstellungskonzeptes für die Saalburg. Nebenbei erfüllt er Lehraufträge an Volkshochschulen und an der Universität Frankfurt.

Andreas Rossmann wurde am 19. Juni 1952 in Karlsruhe geboren. Er besuchte das humanistische Gymnasium und studierte nach dem Abitur 1971 Anglistik, Germanistik und Philosophie in Heidelberg, London und an der University of East Anglia in Norwich, wo er 1976 in Comparative Literature zum Master of Arts graduierte. Erstes Staatsexamen 1977/78, dann Flucht vor dem Lehrerberuf durch den Absprung zum Journalismus. 1979 kehrte er an die Universität zurück und war bis 1984 wissenschaftlicher Mitarbeiter am Institut für Allgemeine und Vergleichende Literaturwissenschaft der FU Berlin. Seit 1986 Feuilletonkorrespondent der „Frankfurter Allgemeinen Zeitung“ in Nordrhein-Westfalen mit Sitz in Köln. Von 1990 bis 1995 war Rossmann Mitglied im Auswahlgremium der Mülheimer Theatertage. 1993 Stipendium der Università di Siena; 2000 Journalistenpreis des Deutschen Nationalkomitees für Denkmalschutz. (Foto Barbara Klemm)

Hans Sarkowicz, geboren 1955, ist hr2-Wellenteamchef Kultur, Bildung und Künstlerisches Wort beim Hessischen Rundfunk und Geschäftsführer der hr media GmbH. Bücher über den Rechtsradikalismus in Deutschland, kulturhistorische Themen und zur Geschichte Hessens. Mitherausgeber der Erich-Kästner-Werkausgabe, Biografien über Erich Kästner und Heinz Rühmann (zusammen mit Franz Josef Görtz.) Zuletzt erschien: „Hitlers Künstler. Die Kultur im Dienst des Nationalsozialismus“ (2004). (Foto privat)

Prof. Dr. phil. Egon Schallmayer, Jahrgang 1951, studierte nach Lehre und Berufstätigkeit als Bankkaufmann Provinzialrömische Archäologie, Vor- und Frühgeschichte, Alte Geschichte, Mittelalterliche Geschichte und Germanistik. Nach seiner Promotion 1979 war er bis 1995 als Gebietsreferent bei der Archäologischen Denkmalpflege Karlsruhe tätig. Durch zahlreiche Ausgrabungen gelangte die Beschäftigung mit dem römischen Limes in den Mittelpunkt seiner wissenschaftlichen Arbeiten. Seit 1995 ist Prof. Schallmayer Direktor des Saalburgmuseums, wo er die römische Archäologie und Geschichte mit neuen Ausstellungs- und Didaktikkonzepten vermittelt. Von 1995 bis 2002 war er Vorsitzender des West- und Süddeutschen Verbandes für Altertumsforschung, der annähernd 4000 Archäologen repräsentiert. Zum Wintersemester 2000/2001 wurde er zum Honorar-Professor der Universität Köln berufen. Seit November 2001 ist er Landesarchäologe von Hessen, bleibt aber weiterhin Direktor des Saalburgmuseums. Seitdem setzt er das Konzept „Hessenarchäologie 21" zur Neuordnung der hessischen Archäologie um, das eine Bündelung dieser Kräfte vorsieht. (Foto Landesamt für Denkmalpflege)

Dr. Hermann Schefers, geboren 1962 in München, ist Historiker und hat sich auf das frühe Mittelalter spezialisiert. Seit 1992 in Lorsch, leitete er von 1995 bis 1997 kommissarisch und von 1997 bis 2002 geschäftsführend das Museumszentrum Lorsch. Seit 2002 ist er Leiter des damals neu geschaffenen Fachgebietes „Welterbe Kloster Lorsch" innerhalb der Verwaltung der Staatlichen Schlösser und Gärten Hessen.

Seine wissenschaftliche Arbeit befasst sich im Wesentlichen mit der Kulturgeschichte des frühen Mittelalters, aber auch mit Vermittlungsfragen im pädagogischen und museologischen Bereich. Hermann Schefers ist derzeit Lehrbeauftragter an der Universität Heidelberg und Mitglied der Hessischen Historischen Kommission. (Foto privat)

Elke Starke, am 20. Juni 1957 geboren, studierte in Frankfurt am Main Germanistik, Philosophie und Politik. Nach einer Ausbildung zur Kauffrau der Grundstücks- und Wohnungswirtschaft arbeitete sie von 1992 bis 2000 als hauptamtliche Kreisbeigeordnete im Landkreis Neuwied (Dezernat Bauwesen, Wirtschaftsförderung, Verkehr, Kultur, Jugendhilfe) mit den Schwerpunkten ICE-Neubaustrecke, Bonn-Berlin-Ausgleich, ÖPNV-Regionalisierung, Neugestaltung des Museums etc. Seit vier Jahren ist Elke Starke Vizepräsidentin der Struktur- und Genehmigungsdirektion Nord in Koblenz und Leiterin der Abteilung Raumordnung, Landesplanung, Bauwesen, Naturschutz, Enteignung/Entschädigung. Die Struktur- und Genehmigungsdirektion Nord soll die Umsetzung des

Masterplans/Managementplans für das Weltkulturerbe Mittelrheintal koordinieren und begleiten. Gleichzeitig ist die Direktion Mitinitiator bzw. Berater bei Einzelprojekten im Weltkulturerbe wie dem Rheinsteig oder dem Rhein-Burgen-Wanderweg. (Foto privat)

Dr. Andreas Thiel, geboren 1964, studierte Provinzialrömische Archäologie, Vor- und Frühgeschichte, Klassische Archäologie und Alte Geschichte in Erlangen, Cardiff (GB) und München. Im Jahr 1998 folgte die Promotion an der Philosophischen Fakultät der Ludwig Maximilians-Universität in München mit einer Dissertation zum Thema „Das römische Jagsthausen. Kastell, Vicus und Siedelstellen des Umlands". Anschließend an ein Volontariat in der Archäologischen Denkmalpflege des Landesdenkmalamtes Baden-Württemberg koordinierte er zwischen 2000 und 2003 die Abfassung des Antrags zur Aufnahme des Obergermanisch-Raetischen Limes in das UNESCO-Weltkulturerbe im Auftrag der vier Länder Baden-Württemberg, Bayern, Hessen und Rheinland- Pfalz. Seit Januar 2004 ist Dr. Andreas Thiel hauptamtlicher Geschäftsführer der neu gegründeten Deutschen Limeskommission.

Dr. Christopher Young hat viele Jahre im „Inspectorate of Ancient monuments" gearbeitet. 1986 wurde er der erste Regionaldirektor für English Heritage in Nordengland, verantwortlich für die Betreuung von 109 Denkmälern in staatlicher Obhut.

1995 wurde Young Direktor für die Welterbestätte Hadrian's Wall und mit der Aufgabe betraut, einen Verwaltungsplan für dieses Bodendenkmal aufzustellen und umzusetzen. Dies führte zu einem stärkeren allgemeinen Interesse am Weltkulturerbe und zur Aufstellung einer Liste von weiteren möglichen britischen Objekten.

Seit 1999 steht Young an der Spitze der Kommission Weltkulturerbe und internationale Richtlinien bei English Heritage. In dieser Funktion entwickelte er einen Verwaltungsplan, sorgte für weitere Anmeldungen potenzieller Weltkulturerbestätten in Großbritannien und verstärkte den Schutz und die Aufwertung der bestehenden Welterbestätten.

Young ist Mitglied der britischen Delegation im Weltkulturerbe-Komitee. Er hat an der Überarbeitung der Allgemeinen Richtlinien der Welterbekonvention der UNESCO mitgearbeitet und an internationalen Konferenzen und Einsätzen sowohl für die UNESCO wie für die britische Regierung teilgenommen. In Laos, in der Mongolei und in Saudi-Arabien hat Young an der Entwicklung von Managementplänen und Bewerbungen zum Weltkulturerbe mitgewirkt.

Das Programm des Symposiums
„Mit der Antike in die Zukunft: Der Limes auf dem Weg zum Weltkulturerbe“ vom 30. Oktober 2004 im Römerkastell Saalburg

10. 00 Uhr: Eröffnung in der Exerzierhalle

- Udo Corts, Hessischer Staatsminister für Wissenschaft und Kunst
- Jürgen Banzer, Landrat des Hochtaunuskreises
- Dr. Bernd Heidenreich, Direktor der Hessischen Landeszentrale für politische Bildung

10.30 Uhr: Vortrag I

- „Das UNESCO-Welterbe: Anmerkungen zu einer Erfolgsgeschichte“
  Dr. Roland Bernecker, Welterbekoordinator und Stellvertretender Generalsekretär der Deutschen UNESCO-Kommission

11.00 Uhr: Vortrag II

- „Hadrian's Wall: Experiences with the World Heritage Site“
  Dr. Christopher Young, English Heritage, Welterbe-Beauftragter

11.30 Uhr: Vortrag III

- „Chancen und Gefahren für Welterbestätten: Köln und andere Beispiele“
  Andreas Rossmann, Feuilleton-Redakteur der Frankfurter Allgemeinen Zeitung

12 Uhr: Gemeinsames Mittagessen im Landgasthof an der Saalburg

14.30 Uhr bis 16 Uhr: Podiumsdiskussion

- „Das Phänomen Weltkulturerbe als Chance und Risiko:
  Was bedeutet die UNESCO-Auszeichnung für eine Region?“

Teilnehmer:

- Dr. Hermann Schefers, Verwaltung Staatliche Schlösser und Gärten Hessen, Fachgebiet Welterbestätte Lorsch
- Prof. Dr. Egon Schallmayer, Saalburgdirektor und Hessischer Landesarchäologe
- Andreas Felchle, Bürgermeister der Stadt Maulbronn und Stellvertretender Vorsitzender des UNESCO-Welterbestätten Deutschland e.V.
- Elke Starke, Vizepräsidentin der Struktur- und Genehmigungsdirektion Nord in Koblenz, Welterbe Mittelrheintal
- Dr. Rainer Behrend, IHK-Geschäftsführer Frankfurt/Main, Geschäftsfeld Standortpolitik II
- Andreas Rossmann, Feuilleton-Redakteur der Frankfurter Allgemeinen Zeitung

Moderation:

- Hans Sarkowicz, hr2-Wellenteamchef Kultur, Bildung und Künstlerisches Wort beim Hessischen Rundfunk